JN440180

저자(성종화) 근영

성종화 시집

고라니 맑은 눈은

문학사계

시가 곧 그 인간임을

허 유許洧

시인 · 공인회계사

요즘 시가 흔해빠진 푸성귀의 시든 겉잎처럼 천덕꾸러기가 돼 있다. 이른바 '시인'이라는 명찰을 달고 행세하는 장삼이사張三李四의 수가 넘쳐나고, 또 그들이 양산하는 작품들도 같이 넘쳐나고 있다.

이러니 당연히 그 품질도 알만하다. 시가 흔하니까 품질이 떨어지기도 하려니와 시를 알뜰하고 정중하게 다루지 않는 풍조도 시 품질 저하에 한몫하고 있는 것 같다.

이런 우리 문단의 이 지음의 모양새에서 이 시집의 저자 성종화 시인은 많이 '별도別途'이다.

그는 스무 살 이전에 영남예술제(지금의 개천예술제)에서 장원에 올랐고, 당시 중고생들 문예작품의 광상이던 『학원』지에 작품을 거푸 발표했었다. 가히 선망의 대상이었다. 이런 그는 몇 가지 특별한 면모를 갖고 있다.

첫째, 그는 시인으로 선보인 이후 50년이 지나기까지 시집을 내지 않았다. 지방의 예술제이긴 하나 권위 있는 그 백일장에서, 더구나 고등학교 2학년이라는 어린 나이에 장원에 오른 이후 55년이 돼서야 수줍은 듯 첫 작품집을 내게 된 것이다. 이 점은 그의 인생이 시를 더 이상 손잡고

갈 수 없을 만큼 스산한 세월을 겪어야 했던 데에 그 원인이 있었던 것으로 알고 있다. 그만큼 그의 시는 오랜 세월 기다림에 침잠沈潛해 있었던 셈이다.

둘째, 그의 시는 한결같이 서정적이다. 요즘의 풍조에서는 흔치 않는 현상이다. 어찌 보면 단조로움에 빠질듯하나 우리 심저心底의 깊은 곳을 다루고 있는 점에서는 공감을 일으켜 마지않는다.

셋째, 성종화는 시가 곧 그 인간임을 보이고 있다. 그의 작품들은 어느 것을 골라 보아도 그의 심성과 사람 됨됨이와 어긋나지 않는다. 곧 그는 서정시의 얼굴을 그의 얼굴로 삼고 있다.

그는 1950년대 중반의 진주라는 한 지방도시의 추억과 숨결을 그대로 간직한 채 지금 나이 70대 초반에 접어들고 있다.

성 시인은 나와는 1년 차이로 고교 동문이다. 그래서 회상과 추억이라는 점에서는 나와는 많은 부분을 공유하고 있다. 이 시집 발간 문제를 의논키 위해 얼마 전에 만났을 적에 그는 50여 년 전 우리 집에 놀러 와 노모가 차려 주신 저녁밥을 맛있게 먹었던 일을 생생히 기억하고 있었다.

그는 시 이전에 우리 젊은 날의 아름답고 애틋한 풍경을 같이 이야기할 수 있는 몇 안 되는 친구이다.

그의 인정 많고 섬세한 성품이 그대로 스며 있는 이번의 시집 상재上梓를 진심으로 기뻐하는 이유도 여기에 있다.

다시 한 번 그의 첫 시집 발간을 진심으로 축하한다.

자서自序

문학을 외면하고 시심詩心을 잃은 채 살아오기를 50년이다. 50년이면 짧지 않은 한 사람의 생애가 되는 기간이기도 하다.

실제로 그보다 더 짧은 생애를 마감하면서도 훌륭한 시를 남기고 간 시인들이 이 땅에는 얼마든지 있었다.

그렇게 살아오던 내가 어느 날 다시 시를 쓸 수 있으리라는 생각은 나 자신조차도 전혀 하지 못한 일이다. 그런 나를 알고 있는 사람들에게는 내가 시를 쓴다는 이야기가 황당해 믿기지 않았을 것이다. 그만큼 그 동안에 나는 세속에 젖어버린 시정인市井人이 되어 있었다고 하겠다.

그리고 내가 다시 돌아와 부딪치게 된 시의 세상은 너무나 변하여 있었다. 흡사 비문명사회에서 문명사회로 돌아와 모든 것이 낯설고 달라 보이는 바로 그것이었다.

시가 널려 있는 난전亂廛 구경을 하면서 느낀 바는 주지적이고 상징시로서 관념의 포장이 단단히 되어 있는 작품들뿐이라는 점이었다. 하나같이 난해하였다. 수요가 없는 시장에 양산된 상품만이 점포마다 지천으로 가득가득 쌓여 있는 그런 시장이었다. 처음부터 시장 원리가 통하지 않는 시장이라고 생각되었다.

이러한 시의 세상 구경을 하면서 나는 외로운 나의 길을 걸어갈 각오를 하여야 했다. 절필할 당시의 10대 후반 순수시를 바탕으로 한 사고와 눈으로 오늘의 현대시를 감내한다는 것은 내 능력 밖의 일이며, 나에게는 가혹한 주문이라는 생각을 하게 하였던 것이다.

나에게 지난 50년의 기간은 나의 시력詩歷으로 말하자면 휴면기간이 아니고 시작詩作의 진공상태眞空狀態에 해당되는 기간이라고 하겠다.

나는 아무도 거들떠 보아주지 않아도 좋으니 내가 절필할 시점의 시심으로 다시 돌아가 시를 쓰기로 마음을 정하였다. 이런 나의 시를 지금의 시의 시장에서 과거 회귀라고 이단시異端視하고 무시해도 참고 묵묵히 써 나가기로 마음 작정을 하였다.

이러한 내 시를 옛정을 거절 못하여 서문과 발문을 써 주신 허 유, 김종원 형, 그리고 바쁘신 중에도 시평을 기꺼이 해 주신 김봉군 교수에게 심심한 감사를 드린다. 어려운 여건에도 불구하고 흔쾌히 출판을 맡아주신 문학사계사 대표 황송문 님을 비롯하여 출판사 여러분에게도 감사를 드린다.

2010년 입하 절에

저자 쓰다

성종화 시집 | 차례

2. 월아산 가는 길

3. 나목의 독백

4. 목월이 가고

1. 봄이 오는 산

춘신春信

서리 하얗게 내린
산길에

산 짐승 지나간 자국이
볕살을 받아 지워져 가는데

마른 풀숲에는
하마 원추리 새 순이 돋아나려나

먼 산 바라보니
뿌우옇게 아지랑이 끼이는 듯

봄을 기다림이
마음에서 먼저 오고 있어서인가

산수유 꽃 피기도
아직 이른 데.

시작노트 : 원추리는 이른 봄 맨 먼저 순을 내는 산나물의 일종이다. 뿌리는 한방에서 약초로 쓰이며 7월경에 꽃대가 올라와 백합 모양의 노란색 꽃이 핀다.

조춘早春

살얼음 풀린 계곡
옹달샘

이른 잠 깬
개구리

하늘 속
구름밭을
헤엄 치구나

꽃잎
하나 떠
채색을 해 주었으면.

산수유 꽃

바위틈을 흐르는 물소리
겨울옷을 벗기네.

어느새
봄 내음

꽃잎 맺었네.
산수유 꽃.

꽃잎 따 입에 넣으니
진한 송진 맛.

먼 산엔
흰 구름 한 점.

백목련白木蓮

담장 밑
백목련 한 그루

치마끈 풀어지니
하얀 속치마 나오네.

피보다 진한
꽃망울

하마 피려나.
백목련이여!

시집살이
고추보다 더 매워서

하얗게 밤을 밝힌
청상靑霜의 한이
이 아침 백목련 꽃으로 피네.

진달래꽃

신불산
공룡능선 길

바위 틈 사이사이
진달래 꽃 피어서 발걸음 세우네.

꽃잎 따 입에 넣고
다시 따 입에 넣으니

진달래 꽃잎 색으로 물이 든
이 입술

그리운 내 님의 볼에다
연지로 찍어서

그 흔적 지우지 아니하고
무덤에 남겨 가게나 할까.

오고 가는 봄

원효산 오르는
돌너덜 산길

눈 녹은 물
봄물 흐르는 계곡

짝짓기 한창인가
멧새 소리

기다리는 설레임 속
오는 봄을

보내는
아쉬움에 어찌 비기랴

산 도화 꽃잎
맑은 계곡물에 떠서

아 그렇게
봄이 가겠구나.

시작노트 : 원효산은 원효대사가 일천 명의 제자에게 화엄경을 설법했다는 산정의 화엄벌을 이르는데, 지금은 천성산 제1봉으로 명명되고 있음. 양산방면 용주사에서 산행하면서 쓴 시입니다.

들 찔레꽃

봄이 오면
들 찔레꽃에서
허기虛飢가 꽃향기로 피어나네.

내 어릴 때
배고픈 시절

들 찔레꽃 순을 꺾어 먹으려다가
가시에 찔려 새빨간 피가 묻어나면

치마폭으로 꼬옥 감싸며
당신이 더 아파하시던

어머니의
그 젖은 눈

아
세월은 흘러서

올해도
어머님 무덤가에
하얀 들 찔레꽃 피려나

어머니의 향기
들 찔레꽃 향기로.

봄이 오는 산

산이
옷을 갈아입으려 하네.

계곡을 흐르는
물소리를 씨줄로

고개를 넘어오는
바람을 날줄로 엮어서

봄비가 씻어준
고운 때깔의 옷감을

머언 산에
뻐꾸기 울음소리가
밤새 다듬이질을 하였나.

아
산은
산은

이 봄에
가마 타고 시집을 가려나

연두색 잎
고운 새 옷으로 갈아입고 나서네.

감나무

봄의 수액은 내 몸을 데워서 연록색 잎에 꿀물이 흐르는 꽃봉오리를 맺어 주었네.

감꽃이 지고 탐스럽게 살이 오르던 열매가 비바람이 몹시 불고 간 다음날 풋감으로 떨어져 버렸네.

아
사람의 정도 그렇게 하여서 떨어지는 것일까.
정이 정을 엮어서 애증이 하나로 영원할 수는 없을까

그리고 오래 오래 우리가 기다리는 간절한 열매로 익어 가게 할 수는 없을까.

초여름의 풍경

갑자기 찾아온 도시의 초여름은
무가 쏟아져 나오는 계절이다

흔들리는 시내버스 안에서
아니면 답답하기까지 한 지하철 안
보도의 어디에서나

땟물이 빠진 무들이
한꺼번에 쏟아져 걸어 나온다

내 고향의 가을은
무 수확의 계절

밭이랑에
이제 막 흙에서 뽑아진 무가
가지런히 줄이 세워진다

그래서
나이를 잊은 게슴츠레한
내 눈이 지금 고향을 생각한다.

나그네

햇살이 조는 한낮

너와지붕 울밑의
목작약 꽃 귀 열리나

앞 도랑 흐르는 물소리에
웃자라 돌담 너머 보네

먼 길 가는
산길 나그네

오고
가는 길 알 수 없구나

고향의 소녀

모과의 향이다

알맞게 크고 잘 익은
모과 열매에서 나는 향기다

여름 한낮에
김을 매다가 머리에 쓴 수건으로
땀을 닦으며 반색하는

눈인사
티 없는 미소

가만히 쥐어보고 싶은
좀 거칠어진 손

거기 고향이 있다
오래 가슴에 묻어둔 이야기가 있다

초롱초롱한 눈망울들의
내 언제 이던가
시골 야학교시절의 이야기가 그 안에 있다.

노전암 가는 길

천성산
넘는 산길

이슬길
산 노루 지나간 길

계곡물은
밤을 새워 흐르고

돌담에 담장이 넝쿨
외딴 집 한 채

주인은 집을 비우고
여름 들꽃만 한창이네

지나는 이 없어
길을 물을 수 없구나.

노전암 가는 길을.

천성산 가는 길

천성산 가는 길
내원사 들머리의
손 두부 집 옥호라네

손으로 빚은 두부 한 모에
콩비지 찌개 한 그릇 그냥 나오네.

입맛이
들며 나며 길들어져서

한 사발 막걸리 앞에 놓으니
시간 넉넉하기만 하네.

내원사 들머리
손 두부 집
천성산 가는 길.

해변의 여인

여름이 지나간 해변은
한물간 여인이다.

파도도 흥이 나지 않아
모래톱을 집적대다가
흐물흐물한 해초만 밀어 놓고 가고

발길이 끊어진 휴게소 마당에는
낡은 카세트만 소리소리 지르네.

바다 바라보는 철지난 저 여름옷의
아무렇게나 감아 올린 뒷머리

눈 한번 주지 않을
한물간 여인이여!

시작노트 : 백암 온천 가는 길에 동해안 어느 해수욕장을 지나면서
여인이 바다를 하염없이 보고 있기에.

초가을

참새 떼가 날아오른 벼논에서는
메뚜기가 한창 살이 오르고

농부의 손끝은
먼저 익은 과일을 가려서 따 낸다.

볏도랑 안의 미꾸라지 메기가
맛이 들 즈음

밭두렁을 타고 넘어오는
호박 넝쿨을 걷어서 추어탕을 끓이면

울타리 없는 고향의 인심이
길 가던 나그네도 한 술 들고 가게 하네.

아
지금쯤
고향의 가을이 깊어가고 있겠구나.

이 가을에 내가 고향에 가서

내가 이 가을에 고향에 가서 따 올 과일은
세월이라는 열매다

모두가 다 떠나가고 없는 그 고향에서
혼자 익어서 자주 빛 갈이 도는 그 과일은
슬픔이라는 열매다

옛날의 내 집 마당 한 귀퉁이에
오늘 나처럼 등이 굽은 나무에 열린 과일은
무상無常이라는 열매다

내가 어느 해 다시 고향에 갔을 때는
아마도 따 올 열매도 없고
등이 굽은 그 나무도 어쩌면 베어져 버렸을런지도 모른다.

세월도
슬픔도
무상함도 그 나무 따라 베어져 버렸을런지도 모른다.

만추晩秋

내 고향 대평의 가을무처럼
미끈하게 잘 빠진 다리들이 앞에서 걸어가고 있다

까만 스타킹을 한 그 다리를 받치고 있는
굽이 높은 신발에
보도위의 노-란 은행잎들이 밟히고 있다

짧은 가을 석양이
그 보도 위에 긴 그림자를 걸쳐 놓는다

바람이 가로수를 비껴서
길을 쓸어가고 있다
나뭇잎들이 우르르 바람을 따라 가고 있다.

아
이렇게 해서 이 시각 가을은 이 도시를
떠나고 있는 것이다

내 고향 대평의 김장 무도
지금쯤 가을 들녘을 떠나
트럭에 실려 시장으로 팔려 나가고 있을 것이다.

송추送秋

온 산에 나뭇잎이 불타는 것을
누가 찬란한 가을의 단풍이라고 하였나

슬픔과 울음이 끓어서
속으로 타고 있는 눈물을
누가 황홀한 가을의 향연이라 하였나

누가
조락凋落의 이 가을을 아름답다고 하였나

누가
바람에 흩날려 떨어지는 낙엽을 보고
송추送秋의 노래를 부르려 했나

아
가는 계절이 있으면
오는 계절이 있기 마련

오면 가는 것이 세상의 이치인데
붙들어 무슨 소용이 있으랴
내 이 가을을 그대로 보내리라.

가을밤

가없는 하늘을 가는 달이
창 문살에 나무 그늘을 드리워서

문을 열고
내다보니

뜰에 풀벌레 소리만
가득 하네

길 어긋나
찾아 올 사람 없는데도

내 늘 그렇듯
오늘도 기다림의 밤을 밝히려나보네

돌아보면
빈 걸음으로 살아온 한세월이었구나.

고향의 겨울 강

하늘이 얼면
내 고향 덕천강에 언 하늘이 내려온다.
강물이 얼기 시작한다

강가에 서면
멀리 지리산 눈바람은
귀를 에어 간다

그 강기슭에
새색시가
얼음을 깨고 그 아래로 흐르는 강물에 빨래를 한다

시조.부모 줄줄이 달린 시동생 시누이들의
그 많기도 한 세답洗踏감을 빨래를 한다

시집살이만큼이나
매운 추위 있으랴

어머니

벼랑 위 나뭇잎 다 잃어버린 빈 가지에
댕그라니 남아 있는 까치집 하나

유난히 보는 눈을 시리게 한다.

주] 덕천강은 지리산의 덕산에서 발원하여 내 고향 마을 앞으로 흐르는 진주 남강 상류의 한 지류다.

2. 월아산 가는 길

모옥茅屋

– 가곡명 : 띠 집에서 살으리

서까래 엮어서
띠 지붕을 올리고

싸리나무 두른 울타리에
사립문은 열어 두려오.

등지고 사는 이
찾을 사람 있으랴 마는

앞산 산그늘 내리면
고갯길에 마냥 눈이 가네.

지난 날
사연이 묻은 옷 벗어 두어

지금도
그대로 방에 걸려 있으려니

행여
지나는 이 들려서 안부 묻거든
구름 따라 간 사람이라 일러 주구려.

시작노트 : 이제 다 벗어 버리고 어딘기로 갈 수는 없을까 하는 나름대로의 생각을 해 본답니다. 그래도 살아온 인연의 끈을 그리 쉽게 가위 자르듯이 다 버릴 수가 있겠습니까.

유유悠悠

하늘을 떠가는 구름은
닫힌 마음의 담장을 허물고

열린 사립문에
푸른 소나무 한 그루

더불어 나눌 이 없어도
바랄 일이 있으랴

바람이 불고 있는
허허한 빈 들녘에 서면

뱃전이 없는 풀잎 배는
작은 시냇물에 잠기며 뜨며 흐르는데

가는 세월을
누가 붙들리.

저 하늘을 나는
백로만이 홀로 한가로울까.

담소潭沼

소沼가 계곡에 숨어서
옥빛 그림을 그리네.

산 벚꽃나무 가지와 꽃
더러는 떨어지는 꽃 이파리도 그리고

고목 등걸은 삭아 없어져도
그 천년의 세월을 그리고

구름이 뜬 화폭에는
산바람도 지나가다 그려져 있네.

산 적적寂寂
내 여기서 좀 쉬어 가리라.

시작노트 : 오늘 친구들과 천성산을 산행하면서 계곡 깊은 곳 맑은 물 고인 늪에서 물에 뜬 산 벚꽃과 고목 등걸을 보았습니다.

무료無聊

앞산 단풍은
걸어서 내려오고

산사山寺에서 보내온
산 버섯, 약초 열매가
가을볕에 익어 가는데

하릴없는 이
보내는 게 세월이라

저 구름 보는 일 아니고
어디에 눈을 두나.

가을
짧은 해가

이리도
이리도
길구나.

한일閑日

늦가을 오후 볕살이
툇마루에 올라오니

조롱 안에 모이 쪼던 백문조가
물 한 모금 머금고
먼 하늘을 바라보네.

문득
그 옛날 하숙집
새 기르던 노인 생각나네.

지금도
저승 가서 새 기르고 있을까

어머니라 불렀던
밥 해 주던 여인은 거기서도 부부로 살고 있을까

그냥
집 앞을 나서 바도
일른 갈 데도 없구나.

하릴없는 날
먼 산이나 보고 오늘 하루해를 마저 보낼까.

월아산 가는 길

차 밭골 오르는 길
단풍이 들었네.

저수지 물속으로는
새 떼가 하늘을 날고

월아산月牙山 돌 덤불 비탈로
내 친구 염소 방목한다는
엽서 보내오고

그 친구 멀리 떠나
지금은 이 세상사람 아니네.

산록山麓에
고라니 맑은 눈은
예나 지금이나…

길 가의 어느 무덤은
누가 간 흔적인가.

귀 로

내 육신 버리고
오늘 먼 길 나섰네.

실타래처럼 얽이였던
인연의 끈 다 풀고

홀가분하게 모두 놓아버리니
이리도 마음 편하구나

좀 더 가다가
이 마음마저 맡기고 갈 데가 있으려나.

다
버리고
맡기고 나니

이제
주인 없는 공산空山이 날 기다리겠네.

시작노트 : 며칠 전 생전에 가까이 지내던 집안 분의 장례식장을 다녀오면서 쓰게 된 시입니다.

망매亡妹

지붕의 용마루 추녀 끝은
새벽 달 그늘에 밀려 나가고

베옷 앞섶이
이슬에 젖어

앉은 섬돌 위에
이지러진 달 기우는데

두견새 울어서
밤을 새우려나.

이 새는 날에
맺힌 옷고름 끝내 못 풀어서

열여덟 한이
이리도 가슴 시리나

누이여
누이여.

시작노트 : 지금처럼 의술이 발달하였으면 수술도 가능하였을지 모르는 가슴앓이 병으로 열여덟 나이에 꽃봉오리로 저간 내 누이동생을 그리며.

한식일에

오늘이
한식寒食일

조상님 무덤가에
새의 주검이 하나 생겼네.

은회색 가슴 털에
자주 빛 도는 날개 죽지만 남은
새의 사체

무덤가에서 모이 쪼던
뫼 비둘기 한 마리

아
하늘에서 내려 꽂인
솔개의 먹이 사슬에 걸렸었나.

뫼 비둘기에게도
영혼이 있을까.

작은 들꽃 한 송이 피어서
조의弔意를 표하고 있구나.

성묘省墓

내 어머니 무덤 앞
비석 돌 틈에
산 꿩이 알을 품었네.

어머니 나를 품어 낳으시듯
일곱 마리의 새끼들 알에서 깨어나
어미 따라 산으로 가겠네.

연어가
강물을 따라서 돌아오듯

어느 날
어린 산 꿩이 까투리 되어서
안태본安胎本 찾아 돌아오려나.

아
산 꿩이 내 어머니 무덤을 찾아서
성묘하러 오겠구나.

고향 가는 길

사공은 빈 나룻배에
타는 저녁노을만 싣고 떠나고

호수에 뜬 달은
하늘을 가는데

어쩌면 마지막 만남이 될
고향 가는 길

부르는 소리가 닿지 않는 피안彼岸
아득하기만 하였다네.

다하지 못한 일뿐인
돌아봄이

세월이 가고
내 오늘 호반에 서서
저 하늘 타는 저녁노을을 바라보네.

시작노트 : 부모님이 위독하다는 연락을 받고 달려온 진양호 나루에서 배 떠나버린 호수를 바라보던 오래 전의 생각을 하면서 저녁노을을 바라보았습니다.

운봉산을 오르며

구름 보며 지 산 능선을 오르면
동해 바다라네

내 친구
산이 좋아
산에서 살겠다더니

저승 가서도
이 산 오르고 있을까

지금
능선 저쯤에서
뜬 구름 보며 쉬고 있을지도 모르겠네.

그 친구
하마 어디쯤 가고 있을까
가늠해 가면서

오늘은 나도
쉬엄쉬엄 운봉산을 올라가 보려네.

유명幽明

지난밤 꿈에
김 아무개
유劉 아무개가 보여서

소식을 알아보니
그 친구들 이미 저 세상 간 친구들이네.

이승과
저승이라
안부 전할 길이 막연하구나.

죽은 사람
더러 꿈에 보이기는 하지만

살아서 다하지 못한 일
버리고 가면 그만인 일을

혹여
저승 가서도
이승 미련을 못 버려 떠돌고 있기라도 하나.

살아 있으나 죽어나

모두가 다 부질없는 일
청산에 떠가는 한 조각 흰 구름인데.

재실齋室의 밤

사당祠堂에 촛불 밝히고
정려문旌閭門을 나서면

시묘侍墓 삼년의 효성이
바로 엊그제 일 같은데

팔백년 그 내력이
밤의 뜰을 거닐게 하네.

이슬 내리는 묵은 기와지붕 위
흰 버선발 혼백을 따라

먼 산 두견이 울어서
재실齋室의 밤은 깊어만 가구나.

시작노트 : 창녕(昌寧) 소재 조상님 사당이 있는 효암재실(孝巖齋室)에서 춘향대제(春享大祭) 행사 전날 밤 재실 마당을 거닐며 시 한편을 쓰게 되었습니다.

밤을 치면서

내 오늘
밤을 치네.

어머니 기일에
제상에 올릴 밤을 치네.

어머니의 살 받아
이 세상에 나와서 한 평생을 살고

이제 나도 머지않아
자식에게 밤을 치게 하겠구나.

제상에 올릴 밤을 치면서
내 살을 베어내는 아픔으로

힘들게 한세상 살다 가신
어머니의 하얀 속살을 내 지금 베고 있구나.

어머니의 기일을 맞아
내 오늘 제상에 올릴 밤을 치네.

강나루를 지나가며

겨울비 물안개가
강물 위를 홑이불 되어 덮어오네

외로운 저 산비둘기
차마 이승을 못 떠나 저리도 슬피 우나.

한평생을 메고 온 이 등짐
노송 가지 끝에 걸어두고

지나온 날
돌아본다고 어쩌랴.

빈 물레에
세월 걸어두고 왔거늘

겨울비 맞으며
내 그냥 여기 강나루 지나가리라.

비상飛翔

학이 천년을 나르는
하늘은 구만리

검은 하늘을 건너서
두 나래로 저어 온 아득한 길은

이승에서
저승으로의 길

그 피안彼岸은
아 창녕昌寧의 우포늪인가

바닷바람이 지나가는
갈대밭의 을숙도 하구河口인가

어느 날
고달픈 두 나래는 세월을 접고

학은
날아 온 하늘을 우러러 비상을 멈추려나.

가람伽藍

미륵이 세상에 와 미리 정해둔
승가람마僧伽藍摩

지금 쇠스랑 쥔
저 승僧의 마디 굵어지고 거친 손이
흙과 돌 담아내어

한 뼘 한 뼘
부처님 가람의 터 넓히고 있네.

다시
천년이 가고

여기 온 산에 목탁소리 가득하고
우람히 울려 퍼져 올 범종소리 들리려니

오늘
부처님 오신 날

부처님 인연으로
지나가는 중생 합장하네.

출가出家

가사 장삼袈裟長衫에
번뇌가 묻어서 갔는데

푸른 산 구름 보고
닫는 데가 어디일까

돌아보니
세월만 무심하구나

저 여인
산 여울에 목욕하고

빛바랜 법의法衣
고깔에 바랑 하나가 모두 네

떨어도
떨쳐버려도 묻어서 따라가는
아 번뇌여!

시작노트 : 지난해 무주 어느 산사에 들렀다가 돌아오면서 쓴 시입니다. 세속의 여인이 어느 날 홀연히 산으로 가 새벽 도량경 외우는 모습이 돌아오면서 그냥 남아 이 시를 쓰게 되었습니다.

세 월

푸른 산.

흰 서리 내린 길
사립문 밀고 들어서면

삼간두옥三間斗屋
짚신 두 켤레

돌아서 돌아서 온 그 세월은
일흔 해.

흔 적

큰물 뒤 떠내려 온 섶나무들이
물굽이가 도는 강기슭으로 밀리고

밝는 날 흰 달이
서녘 하늘에 남듯이

내 살고 간 뒤에도
흔적이 남겠구나.

살아오면서
저질러 놓은 기억의 편린들을
흐르는 강물에 미리 띄워 보내고

아
아무 흔적도 남기지 아니하고
내 그렇게 살다가 갈 수는 없을까.

댓잎 치는 할아버지

할아버지는 대를 잘 치셨다. 붓끝을 뭉텅하게 눌러서 뿌리를 그리고 위로 쳐 올리면서 대를 세웠다. 속이 빈 대 뿌리에는 테를 여러 번 감고 마디는 성글게 가는 붓끝으로 돌렸다.

할아버지가 특히 잘 치는 댓가지 끝에 댓잎 매다는 붓놀림은 붓을 잡은 손은 가만히 있는데 먹물 묻은 붓끝이 쳐 나갔다. 어떤 댓잎은 가는 댓가지에 붙는가하면 바깥쪽으로 따로 떨어진 것도 있지만 그 댓잎도 댓가지 끝에 나중에는 달려져 보였다.

나는 할아버지가 대나무 칠 때는 먹물을 간다. 먹물은 너무 묽게도 너무 진하게도 안 되어야 한다.

젊은 시절의 할아버지는 성질이 대 꼬챙이 같았다 한다. 혼례청에서 생면한 새 색시가 마음에 안 들어 그 때 잡은 바람이 이날 평생까지라 한다. 그래도 어쩌다 한 번씩 들린 걸음이 세 아이를 얻어 그 중간 하나가 커서 우리 아버지라 했다.

나중에 세월이 많이 지나고 할아버지가 집을 찾아 오시는 날 할머니는 함지박 가득 물을 뒤집어 씌웠다 한다. 그래도 할아버지가 돌아오신 후 안방 아랫목에는 술 담은 독이 떨어지지 않았다. 사랑채에는 술상이 늘 차려져 있었다.

할아버지는 대처럼 말랐다. 어쩌다 큰 기침 끝에 마른하늘에 벼락 치는 소리로 옆에 있는 나를 깜짝깜짝 놀라게도 하였다. 그 소리를 할머니는 아직 옛날 성벽이 그대로 있어서 그렇다 하셨다.

세월이 가고 할아버지가 세상을 떠나는 날 염閻을 하는 할아버지의 수족手足은 대나무에 댓가지 묶어 얽는 것 같았다. 할아버지의 상여를 문밖으로 내보내며 그날 할머니는 문기둥에 기대서서 내내 먼 하늘을 쳐다보고 계셨다.

3. 나목의 독백

모래톱에서

내내 바닷물에 씻기고
햇볕에 건조되어도

끝내 투명해지지 못하는
내 영혼의 낱알들이여

파도에 밀리고
또 밀리어져도

허물어지지 못하는
내 작은 모래 무덤이여.

아
내 안에 바다여.

해조음海潮音을 기다리는
먼 바다의 울부짖음이여.

사상事象

비를 맞으며 바라보면
사물은 희미하여 윤곽밖에 볼 수 없다네.

눈의 망막網膜을 덮은
작은 물기의 입자가
굴절현상을 일으키기 때문이다

그 굴절이
저녁 하늘의 햇살을 받으면
무지개와 같은 환상으로 나타나기도 하고

때로는 회복이 불가능한
손상된 허상으로 우리에게 보이기도 한다네.

이와 같은 사상事象은
어쩌면 우리의 눈이 보는 것이 아니고

마음의 거울에 투영되어서
반사되는 현상이라고 해야 할런지도 모른다.

댓잎 소묘素描

내 고독은
사철 변하지 않는 푸르름.

잎새 파르르 떪이
지나는 바람결에 혼을 부르는 몸짓이 되어

어느 날 길손을 인도하여
무녀巫女를 맨발로 맞게 하는구나.

굿 판 한 마당에
한풀이춤

만고에
혼자 고독하고

속이 비어도
오기傲氣는 마디마디에 띠를 둘러서

사철을
청청한
푸른 댓잎이여!

내 댓잎 되어
하늘을 향하고 손들고 여기 서 있으리라.

나목의 독백獨白

잎 떨어진 나목裸木은
눈雪의 무게를 느끼지 못한다.

청청한 소나무는
그 가지 끝 잎이 얹어놓은
눈의 무게를 이기지 못한다.

내 그럴 줄 알았다
혼자 독야獨也 청청한 삶이
끝내는 저럴 거라고

앞 소나무는 가지 부러지고
그 옆 비탈에 선 소나무
허연 뿌리 드러내고 가로 누웠구먼

나뭇잎 없이 겨울나기를 기다려
봄이 오면 새 잎 움트게 하는
내 지혜 저 소나무는 미처 왜 모를까.

세모歲暮 (1)

세모의 지는 해를
수영강에서 바라보네.

옛날에 이 강에서 그렇게 많이 잡히던
꼬시라기 회무침 상 앞에 놓고 막걸리 잔에
시간 가는 줄 모르던 그 시절

한창 팔뚝의 핏줄이
갓 낚아 올린 감성돔처럼 요동쳤었지.

떠오르는 아침 새해를 바라보면서
세상이 오직 나 아니고 또 뉘 있으랴한
그런 시절이었지.

아
그 찬란했던 세월을 보내고
그 찬란했던 세월을 보내고

내 지금
어깨를 웅크리고 수영강을 지나가면서
세모의 지는 해를 바라보네.

세모歲暮 (2)

세모의 아침에
거울 앞에 서서 면도기로 수염을 민다.

흰 거품으로 가득한 얼굴의 수염을
면도기는 정성스럽게 밀어 나간다.

내 어릴 때에
어머니가 내 몸에서 당신 살의 묵은 때를
몸 구석구석 찾아서 밀어내고

그리고 당신의 냄새를 지우고
스스로 커서 세상 밖으로 나가도록 했지만

수염은 밀어내어도
고뇌와 상흔傷痕의 세월까지를 어찌 밀어 낼 수 있을까

이 아침 치유하지 못한 아픈 기억을 되새김질 하면서
또 한해를 다음 해의 세모에 보내야 하리라.

비오는 날

발簾을 걷으니
비가 앞산 허리를 붇어서 오네.

화분을 뜰에 내 놓으며
그 사람을 생각하네.

안부라도
물으려다 말고

문득
지난 날 다해 주지 못한 일

살아가면서
다 갚지 못하고 갈

마음
내 이제 헤아릴 나이되어

이 아침을
번 잎신만
비 맞은 눈으로 하염없이 바라보네.

산(1)

산은 계절을 따라 변해도
은밀한 바위틈은 그대로 이네

이끼 낀 습지에
녹색 치마가 바람을 잉태하면

내 안에
또 하나 산

해산한
여인은 어머니

어머니
나는 당신이로소이다.

산(2)

산맥은
가쁜 숨소리를 채 멎지도 않았는데

산은 벌써부터 그 자리에서
요동을 하지 않으려 하는가.

골짜기로는 물이 흐르고
산등성으로 바람이 불어오면서

하루 내
달빛은 산을 씻고
햇볕은 산을 데우네.

산은
처음부터 변하지 아니하는 형상인데도

내 안에 산이
또 하나 요동치는 산으로 내가 산이 되네.

산 버섯

장마가 지나간 산에
상傷한 나무 그루터기마다
버섯이 피네

버섯은
속앓이를 하는
여인의 가슴에 피는 꽃

허망의 꽃
구름의 꽃

지워도
지워도
지워지지 아니하는 그림자 꽃.

그 꽃은
평생을 상한 가슴으로 살다 가신
내 어머니.

오늘
산을 오르며
내 어머니의 꽃을 보네

산 버섯의 꽃.

겨울 산(1)

찬 하늘은
나무들 옷을 벗기고

나목들은
겨울바람을 안고 산을 내려오네.

백골이 묻힌 산에
눈이 쌓이면

골짜기 바위틈에는
어느 새 봄을 기다리는 작은 생명이 있겠구나.

산은
겨울 산은

기다림을 잉태하는
어미의 자궁인가.

겨울 산(2)

어느 날
산이 텅 비워지고

하늘에는
솔개 한 마리 한 점 되어 떠 있었네.

산 짐승들의 발자국 소리
소나무 숲을 지나는 저 바람 소리만

온 산을
가득 적막하게 하고

밤이면
영롱한 별빛이 서리로 내려서

산은
산은
어느 날 빈산으로 돌아가 있으리라.

서편제西便制

한가위 보름달을
공중에 매달아 두고

북을 치며
춤을 춘다고
그 사람 돌아오리까.

먼눈이 밝아져서
세상이 다시 열리리까.

칼로 가슴 저미는
이 한을 어찌하라고 어찌하라고

한이 사무쳐야
목에 걸려
다시 소리 되어 창唱이 된다니

두둥둥 둥둥 두둥 덩덩
저 북소리
저 북소리 따라
덩실 더덩실 춤을 추자꾸나.

새 벽

동이 트는 새벽은
먼 바다가 용트림을 하고

나목裸木들은 싹 트임을 위하여
표피가 균열되면서 긴 겨울에서 깨어난다.

하늘이 출렁이고
대지가 더운 김으로
새로운 몸살을 시작하는 시각

누가
나에게 이 깃발을 들게 하는가.
그리고 이 새벽을 달리게 하는가.

바다를 향하여
먼 수평선으로 태양을 향하여.

나는 한그루 참나무

나는 한그루 참나무

머언 날
어느 땅에 씨앗으로 떨어져 잎이 움터서

비록 척박한 흙이지만 뿌리 내리고
운명을 탓하지 아니하고 굳세게 자랐네.

세세연연歲歲年年
나이테 감으면서 우람한 나무가 되어

어느 날
내 몸은 여러 동강이 나고

몇 천도인지도 모르는
시뻘선 용광로 속에서
숯으로 태어나는 산고產苦를 치러야 했네.

아
지금 이 시를 쓰고 있는 나도
언제인가 그 용광로에 들어가야 하고
다시 영혼의 새로운 탄생을 기다려야 하리라.

부지不知

온실 안의 화초는 응달 진 바람 부는 산에
옷 벗고 서있는 나목들의 시리도록 추운 겨울나기를 모른다.

이 겨울을 따뜻하게 지나는 사람들에게는
한 평 반의 쪽방에서 무연탄이 떨어진 삶을 모른다.

보리 고개를 모르는 세대가
지난 전쟁중에 부모가 지금의 그 나이에 외국의 원조물자로 배고픔을 면한 그 분유粉乳의 맛을 모른다.

하물며 천기天機까지 어겨가면서
식물을 그 절기를 모르도록 속이고 재배하여 일용으로 취하는 행위가 미구에 큰 재앙이 되어 올 짓이라는 사실까지를 어찌 알까.

잃어버린 풍경

내 친구 언덕 위에 새집 지어 청 마루에 서서 넓은 초원과 파도 철석거리는 푸른 바다를 멀리 눈 아래로 보았네.

오늘 그 언덕위의 한옥과 그 이웃집들 모두 재개발로 뜯겨나가고 겨울 궂은비가 빈터에 무심히 내리고 있었네.

그때 마루에 서서 바라 본 아름다운 풍경도 그 청청한 뒷산의 소나무 숲도 이제 새 아파트 들어서면 가려져 볼 수 없게 되겠구나.

사람이 원래 살던 집 헐고 짓고 하는 일 배내 짓으로 배워서 나온 것이구나.
내 어릴 때 모래밭에 놀면서 모래집지어 놓고 돌아서서 금방 허물어 버리고 다시 짓고 한 일을 생각하니 내가 이제야 비로소 알게 되네.

풍경을 바꾸는 일은 비와 바람 그리고 세월만이 하는 줄 알았는데 사람도 한다는 걸 내 여태 모르고 허망하게 살아왔구나.

침술원鍼術院에서

한 꺼풀 피부와
수분이 주성분인 맨살은 다만 성형수술의 소재일 따름이다.

한 치의 몇 만분의 일의 오차도 없이
균형이 잡혀 있는 인체의 골격은 분명 신의 정교한 작품이다.

그 골격을 따라 흐르고 있는 정밀한 신경과 맥과 혈穴은 신이 마무리를 다하지 아니하고 인간에게 다스리도록 남겨준 영역이다.

내 젊은 날 오래된 이야기다
편두통으로 심히 고통스러움을 건너 마을 돌팔이 의원이 한 뼘 길이의 대침을 인중人中에서 정수리를 보고 놓아서 다스렸다.

그 이후로 내가 이날 평생 편두통 없이 살아오면서
그 때 그런 침술은 가히 신의 침이라는 생각을 하게 되었다.

내 오늘 침술원에 와서

한 마디도 채 안 되는 빈약한 침을 놓고 있는 의원을 보면서 지난날 그 돌팔이 의원을 문득 생각해 보게 되었다.

4. 목월이 가고

이 새벽에

이른 새벽에 일어난다.
먼동이 트려면 아직 이른 시간 새벽 네 시에.
천천히 구보驅步로 4키로
매일의 일과의 시작이다

오늘은 첫 추위
영하 4도가 예보되었다
몸을 따뜻하게 하여 전혀 추위를 느끼지 않는다.

키 170센티 몸무게 58키로
내 슬膝 관절 부위가 이 정도는 충분히 감내해 준다.

책임질 일 피하고
빚지지 아니하며 분수대로 살아가면
더 나갈 무게는 따로 없을 것이다

그렇게 살아가려는
내 어깨는 언제나 홀가분하리라

이 새벽에
유일하게 내가 지고 가는 짐
30년을 내 안에서 같이 살아오고 있는 당뇨다.

이제는 친구가 된 사이다

나는 천천히 구보를 한다.
등에 약간의 온기를 느끼기 시작한다.
땀이 나올려는 징후다

그리고 나는
지난 밤 충분한 수면을 취하여서
이 새벽을 맑은 정신으로 시를 생각한다.

아침 새

숲 속에 숨은 새가
어둠을 쪼아 아침을 여네.

서로를 찾는 소리에
숲이 소란하더니

동이 트자
나뭇가지를 건너뛰며

이 아침을 바람 잡는 긴 꼬리 저 새
빈 하늘을 마냥 쪼려고만 하네.

아
아침 해를 보고
깃을 치면서 마구 하늘로 솟구치네.

시를 쓰는 아침

아침 산책길에 우산을 들었다
부슬비가 내린다.

우산 잎에 와 닿는 비 소리가
지금은 다 애비 에미가 된 내 어린 것들의
잠들어 있을 때 들었던 그 숨소리다

이런 아침의 산책길에서는
시상이 떠오른다.

내 마음 저 깊은 곳에
마치 우물에 두레박 끈을 내려서
맑은 샘물을 길어 올리듯

나는
시의 낱말들을 건져 올리기를 반복한다.

아
그렇게 하여
나는 이 아침에 한편의 시를 쓰게 되리라.

그런 시를 쓸 수 없을까

정갈한 낱말들만을
맑은 시냇물에 헹구고 밤이슬을 맞혀서

봄 산 속의 뻐꾹새 소리처럼 청아한
그런 시를 쓸 수는 없을까

가을밤에 피는
구절초 꽃처럼 해맑으면서도

그 안에 옥피리 소리가 나는
그런 시를 쓸 수는 없을까.

가슴이 상傷하여 아무리 아파도
그 아픔을 묻어두고

은은한 난의 향기가 배어 있는
그런 시를 쓸 수는 없을까

아
그런 시를 내가 쓰고 싶다
그런 시를 내가 쓰고 싶다.

아름다움이란

아름다움이란
눈으로 볼 수 있는 것만을 말하지 아니한다.

눈으로 보는 아름다움이란
채색된 빛깔이며 다만 그 빛깔의 조합일 따름이다.

진실한 아름다움은
마음이라는 여울목을 건너서 가슴으로
흡인지吸引紙에 마치 물기처럼 스며드는 따뜻함이다.

그 아름다움은 향기로우며
은은하면서 우리들을 행복스럽게 해 주는

결코 화려하지도 아니하고
현란한 빛깔로 눈부시지도 않으면서도

우리들의 가슴에 오래 남아 있게 될 질그릇 같은
어릴 때 친구로부터 듣게 되는 고향 소식과도 같은 것이다.

말 말 말

살아가면서 주워들은 말이나
더러는 귀 동냥을 해 온 말일지라도

그 말들이
선문답禪問答이거나
철학이라면 얼마나 좋을까

볕바른 베란다에
이제 피기 시작하는 춘란의 향기나

그 옛날 이웃집 소녀가
치마폭에 감추어다 주던 곶감 같은

아 그렇게
향기롭고 달콤하였으면 얼마나 좋을까

그런 말들로
가득한 세상이었으면 얼마나 좋을까.

노랑머리

내 외사촌 누이는 노랑머리다. 내가 아주 어릴 때 나는 외가에서 그 노랑머리를 누이와 싸울 때마다 잡아 당겨서 누이를 울렸다. 나는 크면서 노랑머리의 그 누이를 좋아하게 되었다. 한 살 위인 누이는 시골 초등학교에서 교사로 있다가 서울에 있는 좋은 대학을 나온 남편을 만나 시집을 갔다. 우리는 멀리 떨어져 있으면서도 서로 마음으로 좋아하였다. 나는 지금도 길을 가다가도 노랑머리를 보면 문득 그 누이 생각을 한다. 나는 노랑머리가 좋다.

목월木月이 가고

누가
목월木月을 구름에 달 가듯이 가게 두었나.

안으로 고요히 잠겨 가라앉은
신라 천년의 내력을
그의 붓으로 그런 시를 쓰도록 아니하고

만술萬術 아비의 무지와 가난을
따스한 이웃의 이야기로
그로 하여금 그런 시를 쓰도록 아니하고

누가
적산가옥 2층 다다미방에서
그에게 추운 겨울밤이 깊도록
내일의 용전用錢이 될 지폐와 바꾸어야 하는
그런 글을 써야만 하게 하였나.

그에게
산이 있고 구름이 있고 달이 있어서
청노루 맑은 눈으로 시를 쓰게 하였다면

아

이 땅에 목월이 있어
그가 남긴 시 농사로 창고가 그득하여졌으리라.

그가 일군 땅에서
오늘도 시의 농사꾼들이
땀 흘리며 청록靑鹿의 아름다운 시를 즐겨 쓰고 있으리라.

주] 만술 아비는 박목월의 시 '만술 아비의 축문'에서 따온 인물의 이름임.

둥지巢

텃새는 둥지를 아무데나 틀지 않고 바람이 오는 방향을 알고 나뭇가지의 실함을 알고 그 뿌리가 튼실한 나무를 가려서 튼다네.

제비가 뜬길 집 미리 알고 추녀 가려서 흙 물어와 집을 짓고, 멧새도 다른 새 길짐승의 해코지를 피해서 가느다란 나뭇가지 끝 먼 자리 잡아 둥지 튼다네.

아
봄날 하늘을 날아오르는 종다리는 집이 없어 이슬 내리는 밤을 어디서 새우고 있을까.

가을 달이 밝은 밤에 기러기 떼도 북녘 하늘 저 끝으로 제집을 찾아서 날개 위에 찬 서리 맞으며 날아갔을까.

고라니(1)

향기로운 뿔을 가지지 못하여
슬프다

사슴의 무리를 따라
푸른 초원으로 내 달리지를 못하고

관목림의 숲에서
어둠이 깔리기를 기다려
나무뿌리나 캐 먹고 살아가는

날카롭게 잘 다듬어진
송곳 어금니는

누구도 해치지 못하고
어느 짐승에게도 당해 내지를 못하는

겁 많고
순하기만 한
슬프도록 맑은 눈의

청록青鹿아

고라니(2)

갈기를 세우고
바람을 가르며
광야를 내 달리는 말이 아니다

향기로운 관冠을 머리에 이고
푸른 초원에서
자태를 뽐내는 사슴이 아니다

내가
내 조상의 어디에도
그런 용맹한 기상이 없었고
그런 아름다운 품위가 없었다.

못나고
두려움으로
항상 몸을 사리고

사위四圍를 살피고
경계하는 게 몸에 밴 내게

웬 말馬이냐
웬 사슴이냐.

시작노트 : 고라니가 마록(馬鹿) 또는 청록(靑鹿)으로 불려지고 있으나 못나고 두려움으로 언제나 몸을 사리는 습성은 내 자신의 살아가는 모습을 비유케 해 보게 했습니다.

눈물 젖은 눈으로

눈물 젖은 눈으로 바라보아야
사랑하는 사람의 참 모습을 보게 되리라.

눈물은 마음의 문을 열어서
진실한 마음을 읽을 수 있게 하기 때문이다.

마음과 마음이 서로 열렸을 때
손을 내밀면 마주 잡은 손에서
비로소 따뜻한 체온을 느끼게 되리라.

눈의 망막이 물기로 젖어서
형상은 비록 희미하게 보여도
그 너머 마음의 진실을 볼 수 있기 때문이다.

마음의 문이 열리기까지는
우리는 기다리는 아픈 시간을 가져야 하리라.

시집살이

콩 메주 쑤어 손 없는 날 가려 장 담그면서
궂은 일 피해야 정淨하게 괸다하였네

눈멀어 삼년
귀머거리 삼년
벙어리 삼년의 한 많은 그 세월을

마음 다스릴 길 없으면
하릴없이 장독간만 들락날락하였네.

그 손길에
윤이 나는 옹기그릇들

담근 장이 괴고 있음도
이 속 맘 혼자 굄을 알아서였나.

장 담그는 집 며느리
어느 세월에 내 세상사는 날이 오려나.

대춘待春

그 사람
지난 봄
산으로 보내면서

핏 자국 묻은 헝겊들을
무덤 앞에서 불살라 주었네.

까마귀 울고 간
낙엽으로 덮인 산길을

행여
무덤에 아직
그 사람 체온이 남아 있으려나.

소쩍새 우는 봄이 오면
새빨간 진달래꽃 피련마는

오는 봄을 기다리지 못하고
내 오늘 산길 찾아 오르네.

오수午睡

경주 역사驛舍
대합실

안압지雁鴨池 물이 넘쳐서
목에 차올라도

천년을 쏟아지는
내 잠이여 !

완행열차가 지나가도
기적소리 없으니

해가 진다고
오는 잠 누가 깨우랴

경주 역사
대합실에
잠만 자는 저 나그네야.

소 녀

야학교 끝내고
나오는 내 손에

꽃무늬 수놓아 접은
손수건 한 장 쥐어주고

뒤도 안돌아 보고 달아난
열일곱 살 소녀

그리고는
한글 공부시간에
눈도 마주치려 않더니

오십년 세월이 지나고
내게 전화 걸어 왔네.

만날까
말까.

사모思慕

가슴에 담아 있다고
누가 비우라하랴

그렇게 하고
살아 온 한평생을.

발걸음

눈 가는데 없이
설거지 일 다 하고

옹기 동이마다
물 길러다 채우고

그리고 밥솥에
쌀 마저 씻어 안치네.

사람의 정이
물 같다하더니

그러고도 얼른
돌아 서지 못하는 넌아

사립문을 나서는데

이 웬수 같은
발걸음아.

주] 웬수 : 원수(怨讐)의 경상도 지방 사투리

오두막

어느 날
우리는 오두막집을 향하여 걸어가고 있었네.

오두막집은
푸른 초원을 지나서 언덕 위에 있었네.

그녀는 바람결에 머리칼을 날리면서
내 손을 꼭 잡고 걸었네.

오늘도
어제도 아닌
아득한 그날에

우리는 그 오두막집에서
처음으로 사랑을 하였네.

나는 숫 사슴이 되어
향기로운 뿔을 곧추 세우고
마치 싸움에 나선 전사처럼 용감하였네.

우리의 오두막집 이야기는
어제도 오늘도 아닌 아득한 그날에
우리들의 가슴속에서만 있었던 이야기라네.

섬진강을 지나며

바로 며칠 전에 문학기행으로
오늘은 다른 용무로
시외버스를 타고 또 여기를 지나간다.

그날도 오늘도
섬진강은 푸르다.

내 뒷좌석에
진한 전라남도 억양으로
두 남녀의 이야기가 예사롭게 들리지 않는다.

어쩌면 고향 찾아가는 길에서
우연히 만난 사람들 같기도 한데

차창 밖의
섬진강은 여전히 푸르다

내 하동서 내리고 나면
그들도 목적지 다 못가고
중간 어디쯤서 내릴지도 모른다.

그 뒷일은
섬진강이 다만 알 뿐이라.

여운餘韻

수화기의 여운에서
아침햇살을 받은 풀잎 끝 이슬은 생각하게 하였다

그녀는 내게
돌아선 마음을 되돌아오게 하는 길을 물었다

그녀가 서울 근교로 가고
얼마 후 우리는 일산의 겨울 호숫가를 같이 걸었다
그날 우리는 서로의 마음만큼이나 떨어져서 걸었다

이 아침
난蘭에 물을 주면서 그 잎에 맺히는 물방울을 보고
아주 오래전 수화기에서 그녀의 목소리가 남긴 여운을 문득 떠 올려 보았다

수영만에서

수영만의
바닷가가 여기쯤이 아닐까.

파도를 따라
모래톱에는 해조류가 밀려오기도 했는데

파란 하늘과
흰 구름과
멀리 수평선을 누가 지워 버렸을까

그
바다 내음을 송두리째 누가 가져갔을까

옛날에
내 둘째 놈 학교 마치고
밤길 걸어서 집으로 올 때

내
이 바닷가 저쯤에서
파도소리 들으며 서서 기다렸거늘

누가

수영만 그 바다를
흔적도 남기지 않고 이렇게 지워 버렸을까.

시작노트 : 지금 수영만은 바다매립공사 후 빌딩과 아파트로 된 콘크리트 숲으로 변하였다.

광안리

– 시민 축제의 폭죽행사를 보면서

내가 삼십년쯤 전 수영에 살 때에는
광안리 바닷가는 고깃배가 와 닿는 한가한 어촌 포구였다.

아침 산책을 나와
밤에 바다에 나간 배들이 닿기를 기다려서
어창에 살아서 퍼덕이는 잡어들을 사들고 집으로 오면

통영 바닷가가 고향인 아내는
바다냄새로 가득한 아침 밥상을 차려 내왔다.

그 광안리 바닷길에
대교大橋가 가로 놓일 줄을 그때 누가 알았을까.

그 광안리 바닷가가
밤이면 휘황한 환락의 해변으로 변할 줄을 그때 누가 알았을까.

내 오늘 밤에는
구름처럼 인파가 이 해변에 몰려와 폭죽을 터뜨려서

탄생과 소멸로 온 통의 하늘이
찬란하게 점멸하는 순간순간의 허무를 바라보네.

아
이 바닷가가 삼십년쯤 지나고 나서

다시 한가한 어촌의 해변으로 돌아가 파도 소리를
들으면서
누가 이 바닷가를 걸어가는 그런 날이 오게 될까.

그때 고향을

쥐불을 놓으며 놀다가 돌아오는 논둑길에서
아직은 다 타오르지 못하고 사그라지는 아름다운
저녁노을을 바라보던 그 시절의 그때 고향을 생각
한다

어제 그제 설빔으로 입은 새 햇솜 옷깃으로
들어오는 바람 끝이 아직 찬 데도 그저 뛰놀기에
정신 팔렸던 어린 시절의 그때 고향을 생각한다

물이 잡힌 논바닥에서 판자조각 썰매로 얼음을
지치다가 젖은 옷 그대로 돌아오면서 바라본 저녁
연기 피어오르는 초가지붕의 그리운 그때 고향집을
생각한다

둥근 달이 떠오르기를 동구 밖에서 기다리면서
헌 동전 뜯어 달집에 태우고 어머니 따라 손 모아
달님보고 소원을 빌었던 어머니가 살아계시던 그때
고향을 생각한다

고향을 생각한다
가슴에 묻혀 있는 다시 돌아오지 않는 그때 고향
을 생각한다

첫 발령지의 추억

내 첫 발령지는 경북 오지奧地다. 새벽이 부우옇게 열리는 남강의 강바람이 찬 3월 초순의 구舊 진주역. 경전 남부선 기차를 기다려 삼랑진 역에서 바꿔 탄 중앙선 완행열차는 시골 간이역마다 풍물을 구경 시켜주면서 그날 늦은 시간에 나를 이곳 오지의 역에 내려놓았다.

황토 벽돌집 작은 창이 하나 있는 내 하숙방. 사십대 후반의 안주인은 내가 퇴근해 오기를 기다려 언제나 환한 얼굴을 하고 밥상을 내왔다. 그리고 동그스름한 얼굴의 그 여인은 내 밥 먹는 밥상머리를 떠나지 않았다.

내가 고향을 다녀오는 주말은 기차시간 맞춰서 역에 나와 기다려 주기도 하였다. 내가 그해 가을 전근 발령을 받고 떠날 때 여인은 역 플랫폼까지 따라 나와 눈시울을 붉혔다.

여인의 뒤로 철길을 따라 코스모스가 유난히 곱게 피어서 내 눈을 시리도록 하였다.

홍도야 우지마라

- 솔마의 실상문학상 수상식 날에

정축丁丑년 생이
기축己丑년 세모에 문학상을 탄다.

하는 짓이 굼터서
흔하지도 귀하지도 않은 상賞인데도
여태 못타고 있다가 이제야 타는 차례가 되었다.

눈치가 있으면 절에서도 젓국을 얻어먹는다는
그 절에서 약삭빠르지도 못한 문인에게 주는 상이다

상賞도 상금賞金이 따라야 재미가 있는 법이라는
시상施賞하는 큰스님의 법언法言을 들으면서다

시주施主 받은 돈으로
오죽했으면 가난한 글쟁이 입에 풀칠을 시켜주는
상금을 줄려고 했을까.
갸륵한 상賞임에는 틀림없다

망구望九를 바라보는 하객賀客이
홍도야 우지마라 오빠가 있다

흥에 게워 노래방에서 목청을 뽑아 축하 노래한다.

아
신난다.

시작노트 : 수상자의 출생 연도와 수상 받는 해가 공교롭게 축년(丑年)입니다. 수상자의 문학적 연륜에 비하면 수상이 늦다는 생각을 하였습니다. 시주 받은 돈으로 주는 상금을 그저 감사하면서 흘러간 옛 노래로 신나기만 하는 우리 문인들의 현실감각에 대한 자조(自嘲)가 이 시를 쓰게 된 동기라 하고 싶습니다.

가을밭에 서서

누가 이렇게 휩쓸어 가버린 빈 가슴이냐

바람과 구름을 안고 머언 산과 마주하면
한나절 말없이 이야기하는 무상無常이 있다.

내 가슴 어딘가로 흐르는 핏줄처럼
가슴에서 가슴으로 이어져가는 대화는
햇볕처럼 쏟아지지 못하여 차라리 강물이 된다.

모두가 다 가버린 텅 빈 곳
꽃도 노래도 이제 저 들녘을 돌아서
아슴아슴 사라지는데

나는 차라리 푸른 하늘을 가슴 채 마시고
이 폐허에 핀 작은 들꽃으로 남으련다.

■ 평설

디지털 시대에 만나는 서정의 고향

– 성종화 시집『고라니 맑은 눈은』에 대하여

김 봉 군

문학평론가 · 카톨릭대학교 명예교수

1

모더니즘과 전통 지향의 시풍이 대세였다. 20세기 중엽 한국 시의 경향 말이다. 그 시대 끝자락에서 성종화 시인은 전국에 문명文名을 날린 문학 소년이었다. 20세기 후반에는 포스트모더니즘이 주체를 해체하며 대중주의 문화를 이끌었다. 산업화된 도시 문명 이후 디지털 문화가 빚은 시대적 징표였고, 21세기 초반 지금의 시는 모더니즘과 포스트모더니즘의 영향권 안에 있다. 이미지즘파 주지주의 시, 사회시, 도시시, 해체시가 '머리'와 '의지'를 자극하고, 개인주의적 상상력의 쇄말주의가 시의 영토를 지배하여 왔다. 생태주의 시가 자연성 회복을 절규의 어조로 말하지만, 사회주의 시의 '웅변떼'처럼, 이데올로기의 경직성으로 인해 시대 한계성에 부닥쳐 있다. 우리 시단에서 자연 서정의 가뭄 현상은 심각하다.

반세기가 넘는 침묵의 산을 넘고 물을 건너 성종화成鍾和 시인이 문단으로 회귀했다. 그의 소년 시절을 기억하는 문인들에게는 경이롭도록 반가운 한 '사건'이다. 그는 예전의 자연 서정과 섬세한 감수성을 거느리고 우리 곁으로 돌아왔다. 이 시대의 삭막한 시학詩學이나 새 문화에 침윤浸潤당한 젊은 독자들에게 그의 시는 사뭇 낯선 것임에 틀림없다.

평자는 오랜만에 우리 곁으로 다가와 옛 시인이 던지는 이 낯섦의 아이러니를 풀어야 한다. 만만찮은 이 과제 앞에서 평자가 안도감을 품는 것은 그의 시적 역량에 대한 아득한 기억 때문이다.

2

서정시는 감수성의 몫이다. 음악 다음으로 예술의 원형에 근접해 있다. 지성이 개입한다 해도 감성의 촉수를 훼손할 수는 없다.

성종화 시인의 감수성은 예각적 상상력이 빚은 날카로운 촉기 같은 것과는 다르다. 시집 전반에 스며든 그의 감수성은 정갈하고 영롱하며 곱다. 그의 시는 정서가 숫되어 우리의 옛 산과 옛 물, 옛 사람, 옛 이름, 옛일, 옛집, 옛 이야기, 옛사랑을 일깨우는 그리움의 원천이다.

> 바위틈을 흐르는 물소리 / 겨울옷을 벗기네. // 어느새 / 봄 내음 // 꽃잎 맺었네. / 산수유 꽃. // 꽃잎 따 입에 넣으니 / 진한 송진 맛. // 먼 산엔 / 흰 구름 한 점.
>
> –「산수유 꽃」 전문

산간 계류와 산수유 꽃, 먼 산과 흰 구름으로 앙그러진 자연 상관물들이 청각·후각·미각·시각적 이미저리로 떨어져 있다. 짧은 시 한 편이 통합된 감수성을 과시한다. 시인의 역량이 짚인다.

> 친싱산 / 넘는 산실 // 이슬길 / 산 노루 지나간 길 // 계곡물은 / 밤을 새워 흐르고 // 돌담에 담쟁이넝쿨 / 외딴 집 한 채 // 주인은 집을 비우고 / 여름 들꽃만 한창이네 // 지나는 이 없어 / 길을 물을 수 없구나. // 노전암 가는 길을.
>
> –「노전암 가는 길」 전문

산길, 계곡물, 외딴 빈 집, 노전암을 상관물로 한 순수 서정시다. 이 시의 서정적 자아는 모더니즘 지향성, 사회주의 지향성과는 거리가 먼 전통 지향성을 보인다. 중국 고전시 「한산사(寒山寺)」의 시풍과 닮았다. 선시禪詩의 분위기와 친근하다. 노루도 지나간 산길에 집이 비어 사람도 없다. '노전암'은 초속超俗의 공간이고, 마음의 지향성이 가붓하나마 성속聖俗을 가르고 있다. 「가람(伽藍)」, 「출가(出家)」 등의 시상도 이와 상통한다.

> 앞산 단풍은 / 걸어서 내려오고 // 산사(山寺)에서 보내온 / 산 버섯, 약초 열매가 / 가을볕에 익어 가는데 // 하릴없는 이 / 보내는 게 세월이라 // 저 구름 보는 일 아니고 / 어디에 눈을 두나.
>
> –「무료(無聊)」 부분

활유活喩를 도입한 의사 진술擬似陳述로 말문을 연 시다.

직설법과 서술적 이미지를 선호하는 성종화 시인의 작품에서는 희귀한 이미지 표출 방식을 보인 부분이다. 단풍이 활물活物로 변이되었다. 동아시아 전통 정서의 은일경隱逸境이 엿보인다. 오영수의 그린토피아(Greentopia) 소설 「잃어버린 도원(桃源)」을 닮았다. 번다스러운 도회의 일상사에 부대끼며 살아온 시인의 '꿈의 고향'이요 안식처다. 이는 「모옥(茅屋)」에서 더 구상화具象化되었다.

현실과 꿈의 이 충돌은 실존적 절규로 분출되기도 한다.

> 내내 바닷물에 씻기고 / 햇볕에 건조(乾燥)되어도 // 끝내 투명해지지 못하는 / 내 영혼의 낱알들이여. // 파도에 밀리고 / 또 밀리어도 // 허물어지지 못하는 / 내 작은 모래 무덤이여. // 아 내 안의 바다여. // 해조음(海潮音)을 기다리는 / 먼 바다의 울부짖음이여.
>
> –「모래톱에서」 전문

현실의 자아와 이상의 자아가 길항拮抗을 빚는 영혼의 갈구가 절규처럼 치열하다. 그럼에도 이 시의 시상이 맑은 것은 결코 조악粗惡해질 수 없는 성종화 시인의 순하디순한 시적 천품天稟 때문인 것으로 보인다. 그는 일관되게 우리 시원始原의 고향, 자연 낙원의 언어와 아름다운 시상詩想으로 시를 쓴다. 그러기에 그의 '고뇌와 상흔傷痕의 세월'(「세모(歲暮) 2」)마저 그리운 해조음으로 읽힌다.

> 아름다움이란 / 눈으로 볼 수 있는 것만을 말하지 아니한다. // 눈으로 보는 아름다움이란 / 채색된 빛깔이며 다만 그 빛깔의 조합(組合)일 따름이다. // 진실한

> 아름다움은 / 마음이라는 여울목을 건너서 가슴으로 / 흡인지(吸引紙)에서 마치 물기처럼 스며드는 따뜻함이다. // 그 아름다움은 향기로우며 / 은은하면서 우리들을 행복스럽게 해 주는 // 결코 화려하지도 아니하고 / 현란한 빛깔로 눈부시지도 않으면서도 // 우리들의 가슴에 오래 남아 있게 될 질그릇 같은 / 어릴 때 친구로부터 듣게 되는 고향 소식과도 같은 것이다.
>
> －「아름다움이란」 전문

성종화 시인에게 아름다움이란 내면화되어 은은하며, 옛 고향의 소식처럼 그립고 질박質朴한 것이다. 현란한 외식外飾과 기어綺語의 성찬盛饌 같은 그런 것이 아니다. 그러기에 그의 시는 기교시가 아니다. 그의 시가는 텐션이 풀릴 위기에 자주 노출되는 것도 이 때문이다.

> 눈물 젖은 눈으로 바라보아야 / 사랑하는 사람의 참 모습을 보게 되리라. // 눈물은 마음의 문을 열어서 / 진실한 마음을 읽을 수 있게 하기 때문이다. // (중략) // 눈의 망막이 물기로 젖어서 / 형상은 비록 희미하게 보여도 / 그 너머 마음의 진실을 볼 수 있기 때문이다. // 마음의 문이 열리기까지는 / 우리는 기다리는 아픈 시간을 가져야 하리라.
>
> －「 눈물 젖은 눈으로」 부분

그의 시가 숫되고 영롱하여 아름다운 것은 그의 이 같은 맑은 눈물 때문일는지도 모른다. 절차탁마의 안간힘이 읽히는 그런 아어雅語가 아니라, 그의 시어는 우리 농경시대의 고향 길에서 마주치던 소녀의 해맑은 눈빛같이 순연純然하다. 이런 시상과 시어는 다음 시가 보여 주는 그의 자화상과 깊이 관련되는 것으로 보인다.

> 갈기를 세우고 / 바람을 가르며 / 광야를 내 달리는 말이 아니다. // 향기로운 관(冠)을 머리에 이고 / 푸른 초원에서 / 자태를 뽐내는 사슴이 아니다.
>
> -「고라니 2」

그는 웅지雄志를 떨치는 영웅의 역동성力動性이나 고고孤高하기를 자처하는 귀족적인 나르시시스트가 아니다. 그의 자아는 늘 겸허하고 소박하며 순한 목월木月의 청록靑鹿을 지향한다. 그의 시 「목월이 가고」에 이 같은 마음결이 아로새겨져 있다.

그는 멸망해 가는 것의 아름다움에 목말라 한다.

> 내가 이 가을에 고향에 가서 따 올 과일은 / 세월이라는 열매다. // 모두가 떠나가고 없는 그 고향에서 / 혼자 익어서 자줏빛깔이 도는 그 과일은 / 슬픔이라는 열매다. // 옛날의 내 집 마당 한 귀퉁이에 / 오늘 나처럼 등이 굽은 나무에 열린 과일은 / 무상(無常)이라는 열매다. // 내가 어느 해 고향에 갔을 때는 / 아마 따 올 열매도 없고 / 등이 굽은 그 나무도 어쩌면 베어져 버렸을는지도 모른다. // 세월도 / 슬픔도 / 무상함도 그 나무 따라 베어져버렸을는지도 모른다.
>
> -「이 가을에 내가 고향에 가서」 전문

멸망해 가는, 마침내 멸망하고 말 고향, 자연 낙원에 대한 한없는 애정이 서린 시다. '슬픔'과 '무상'으로 은유화된 고향마저 멸망해 버릴 디지털 시대의 미래상을 말하고 있다. 그가 가슴에 품은 어머니와 일찍 세상 뜬 누이, 야학 시절의 소녀들, 아날로그 시대의 모든 것들이 망각의 여울 속에서 소실될 것임을 그는 안다. 그럼에도 그의 시는 소월素月이나 노산鷺山의 낭만적 감상성感傷性에로 퇴행한 비애미悲哀美와는 다른 위상位相에 자리하려 한다.

> 내 마음 저 깊은 곳에 / 마치 우물에 두레박 끈을 내려서 / 맑은 샘물을 길어 올리듯 // 나는 시의 낱말들을 길어 올리기를 반복한다.
>
> -「시를 쓰는 아침」 부분

> 정갈한 낱말들만을 / 맑은 시냇물에 헹구고 밤이슬을 맞혀서 // 봄 산속 뻐꾹새 소리처럼 청아한 / 그런 시를 쓸 수 없을까 // 가을밤에 피는 구절초 꽃처럼 해맑으면서도 // 그 안에 옥피리 소리가 나는 / 그런 시를 쓸 수 없을까. // 가슴이 상(傷)하여 아무리 아파도 / 그 아픔을 묻어 두고 // 은은한 난의 향기가 배어 있는 / 그런 시를 쓸 수는 없을까 // 아 / 그런 시를 내가 쓰고 싶다 / 그런 시를 내가 쓰고 싶다.
>
> -「그런 시를 쓸 수 없을까」 전문

평범한 시는 설명을 하고, 좋은 시는 침묵하며, 위대한 시는 영감을 준다는 시의 에피그램이 있다. 성종화 시인은 좋은 시를 쓰려 한다. 시는 말이다. 시의 말은 말 중의 말, 말의 정수精粹다. 그가 아침 우물에서 새 물을 긷듯이 정화된 시의 언어를 매일 아침 길어 올린다. 정갈한 말들을 시냇물에서 헹구고 밤이슬을 맞힌다. 마침내 그의 시는 청아한 뻐꾹새 소리, 해맑은 구절초 꽃, 그 속의 옥피리 소리가 나고, 은은한 난의 향기를 풍길 때 최고의 품격을 갖춘다. 그의 시학을 집약한 두 편의 시다. 시인의 꿈이 엿보이는 작품들이다.

현실과 꿈은 자주 충돌한다. 이 둘이 조화로울 때, 시인은 영감을 주는 시를 쓸 수 있다. 다음 두 편의 시가 시사示唆하는 바에 착목할 때, 성종화 시인의 시적 행로는 열리지 않을까.

> 어느 날 / 우리는 오두막집을 향하여 걸어가고 있었네. // 오두막집은 / 푸른 초원을 지나서 언덕 위에 있었네. // 그녀는 바람결에 머리칼을 날리면서 / 내 손을 꼭 잡고 걸었네. // 오늘도 / 어제도 아닌 / 아득한 그날에 // 우리는 그 오두막집에서 / 처음으로 사랑을 하였네.
>
> –「오두막」 부분

꿈의 영지領地를 그린 시다. 초원 위 오두막집에서의 순진무구한 사랑의 성취, 그건 꿈이다.

> 내 고향 대평의 가을무처럼 / 미끈하게 잘 빠진 다리들이 앞에서 걸어가고 있다. // 까만 스타킹을 한 그 다리를 받치고 있는 / 굽이 높은 신발에 / 보도 위의 노오란 은행잎들이 밟히고 있다. // 짧은 가을 석양이 / 그 보도 위에 긴 그림자를 걸쳐 놓는다 // 바람이 가로수를 비껴서 / 길을 쓸어가고 있다. / 나뭇잎들이 우르르 바람을 따라가고 있다. // 아 / 이렇게 해서 이 시각 가을은 이 도시를 / 떠나고 있는 것이다. // 내 고향 대평의 김장무도 / 지금쯤 가을 들녘을 떠나 / 트럭에 실려 시장으로 팔려 나가고 있을 것이다.
>
> –「만추(晩秋)」 전문

이건 현실이다. 도회와 고향 농촌의 현실이 병치되어 있다. 도회의 정경에 농촌의 정경이 오버랩 되어 '무다리'의 이미지로 통합된 의사 진술은 현대시의 표출 방식이다. 낙엽이 바람에 쓸려 가는 도회의 가을 보도와 가을 무가 들녘을 떠나 팔려 나가는 만추의 고향이 '저무는 시공(時空)'에서 만나고 있다. 공존(共存) 현상이다.

자연 낙원이 해체·소멸되어 가는 이 디지털 시대에, 농·어촌과 도회, 자연과 기계 문명은 화해할 수는 없는가? 시인은 지금 심각한 고뇌에 잠겨야 할 때다. 이즈음 성종화 시인의 이들 두 편의 시는 의미 있는 시사점을 던진다.

3

성종화 시인의 시편들은 우리의 디지털 문명사회에 아이러니에 찬 화두話頭를 던진다. 그의 시적 감수성은 우리의 가슴과 머리에서 고갈된 서정의 고향을 간절한 어조로 환기시킨다.

그의 시 전반에서 새삼 빛을 발하는 감수성은 정갈하고 영롱하며 곱다. 그의 시정詩情은 숙되어 우리의 옛 산, 옛 물, 옛 사람, 옛집, 옛이야기, 옛사랑을 일깨우는 그리움의 원천이다. 그의 시는 동아시아 전통시의 은일경隱逸境과 선적禪的 분위기에 젖게도 한다. 그의 시에서 아름다움이란 내면화되어 은은하며, 옛 고향의 소식처럼 그립고 질박質朴한 것 자체다. 현란한 외식外飾과 기어綺語의 성찬盛饌을 그의 시는 멀리한다. 웅지雄志를 떨치는 영웅의 역동성이

나 고고하기를 자처하는 귀족적 나르시시즘보다 소박하고 순한 목월木月의 청록靑鹿 이미지에 친근하다.

성 시인의 서정적 자아는 청정무구하고 청아하며 난향蘭香같이 품격 있는 시어와 시상으로 심령을 맑히는, 아름다운 시의 경지를 지향한다. 이것은 그의 꿈이다. 꿈이 현실과 길항할 때, 이는 선택이 아닌 화해의 문제다. 자연 서정의 옛 시학詩學과 도회 편향적 현대 시학의 화해 문제는 성종화 시인 앞에 놓인 절실한 과제다. 그 가능성을 시사하는 것이 성 시인의 시 「만추(晩秋)」다.

자연 낙원(그린토피아)을 노래한 「고향의 봄」이나 성인들을 비애미悲哀美에 잠기게 하는 「이별의 노래」가 멎어버린 디지털 시대의 도회문명은 삭막하다. 이 삭막한 도회에 반세기의 시간을 넘어, 우리에게 멸망해 가는 서정의 고향을 만나게 한 성종화 시인에게 갈채를 보낸다.

시집의 발간을 기뻐하며, 앞으로 성 시인의 시업詩業이 시대와의 길항을 넘어 위대한 영감을 환기하는 진경進境을 열어 보일 것으로 믿는다.

■ 발문

습작 반세기 만의 귀향

– 50년대 선망 받던 문학소년

김 종 원

시인 · 영화평론가

1

그가 돌아왔다. '황야의 장고'가 아니라, 진주의 성종화가 돌아왔다. 50년 이상 소식이 없던 '비봉루의 장원'이 칠순을 넘긴 반백의 머리로 문단에 나타났다. 그것은 분명 귀향이라는 말로밖에 달리 표현할 수 없는 반가운 기항寄港이다.

그는 1950년대 전국적으로 이름을 날린 문학 소년의 한 사람이었다. 1952년 11월에 창간된 월간 학생잡지 『학원』을 중심으로 형성된 이른바 '학원 문단'의 선두 그룹에 속하는 유망주였다. 오늘 날처럼 팬들이 몰리는 아이돌 스타가 없던 시대에 이 잡지에 글이 뽑힌 학생은 스타나 다름없었다. 이때 『학원』이 배출한 문학 지망생 가운데 1백여 명이 그 뒤 기성 문단에 등장하였다.

그 시절 '학원 문단'을 장식한 학생 치고 스타 아닌 사람이 있을까. 그 쟁쟁한 이름, 서울의 유경환, 마산의 이제하, 목포의 정규남, 진주의 허유 등 동연배의 학생과 1년 아래인 황동규(서울중·고), 마종기(대구피난중·서울고), 성종화(진주중·고) 등은 물론, 뒤에 학원문학상을 통해 화려하게 등장한 안동고등학교의 김동기(현재 고려대 경영대학원장), 서울교통고등학교의 구석봉(방송작가·시인), 영남중학의 장원달, 경주중학의 서영수(시인·경주고 교사) 등은 모두 그 시대의 선망 받던 스타였다.
특히 마산고등학교의 이제하가 서울 경복고등학교 유경환의 글월을 받고 쓴, 「청솔 푸른 그늘에 앉아」(제1회 학원문학상 우수작)는 훗날 국정교과서에 실릴 만큼 수준 높은 작품이었다. 이에 못지않게 초창기 '학원 문단'을 빛낸 시들로는 김동기의 「기(旗)」를 비롯하여, 구석봉의 「백년 후에 부르고 싶은 노래」, 황동규의 「어머니」, 그리고 성종화의 「꽃 지는 마을에 서러운 전설이 진다」 등이 있다.

– 「시의 고향」 머리글 14쪽, 김종원, 1989, 창조사

꽃 지는 마을에 서러운 전설이 진다.

아카시아 꽃잎
하늘하늘 내리는 언덕길에
내 가만히 서면

사뿐히 어깨 위로 꽃잎이 내린다.
서러운 전설이 진다.

저고리 품에 간직해 온
시집을 펼치고

또 한 수 아쉬움을 적어야 한다.

한 잎 어깨 위로 꽃잎이 내린다.
파아란 하늘로 서러운 전설이 진다.
— 『학원』 1954년 9월호

성종화는 앞에 소개(전문)한 「꽃 지는 마을에 서러운 전설이 진다」에서 풍부한 감성과 세련된 언어 구사로 나화落花의 이미지를 영롱하게 형상화하고 있다.

'꽃 지는 마을'로 지칭되는 추상적 공간과 '서러운 전설'이 내포하는 전래적 존재를 적절히 융화시켜 한 폭의 수채화처럼 아름다운 가상의 세계를 만들어내고 있다. 아울러 두 대상 사이에 '(꽃이)지는'과 '(전설이)진다'는 동사動詞를 병치시킴으로써 생동감을 주는 효과도 거두고 있다. 꽃의 실체를 아카시아 꽃잎으로 드러낸 둘째 줄의 배치나, '꽃이 지는 언덕길'을 고리삼아 '저고리 품에 간직해온 / 시집을 펼치고 // 또 한 수 아쉬움을 적어야 한다.'로 넘어간 현상 전환의 솜씨는 고등학생이 썼다고 보기 어려울 만큼 능란하다.

그는 이 시기에 또 한 편의 가작을 선보였다. 『학원』 1955년 9월호에 우수작으로 뽑힌 「절」이 바로 그것이다.

등꽃이 지는 오후였다.

탑이 바람을
머금고

또
풍경은 울었다.

배암처럼 내가
탑에 기대어
희어 가는데

마치
노을에 취해 모란이 지듯
가슴으로는 하얗게 전설이 진다.

탑에 구름이 걸렸다.

— 「절」의 전문

시상의 맑음과 언어의 절제가 돋보이는 작품이다. 간결하게 '등꽃이 지는 오후'라는 시점만 밝혔을 뿐, 그 어디에도 '절'이라는 말은 나오지 않는다. 그 대신 '탑'이나 '풍경風磬'이라는 낱말을 내세워 절을 모티브로 한 것임을 말해준다. '내가 탑에 기대어 희어간다'는 표현이 재미있고, 첫 연과 마지막 연을 '등꽃이 지는 오후였다.'와 '탑에 구름이 걸렸다.'로 각기 한 줄로 처리한 점이 인상적이다.

다만 다섯째 연에 이르러 '하얗게 전설이 진다.'로 표현한 부분은 이미 「꽃 지는 마을에 서러운 전설이 진다」에서 사용한 적이 있어 신선감이 떨어진다.

아무튼 이 무렵 성종화는 『학원』지뿐만 아니라, 다른 지면이나 행사에서도 재능을 발휘하였다. 1955년 가을 진주에서 열린 개천예술제가 그 대표적인 예이다. 그가 고등학교 2학년 때였다.

그때 우리는 비봉루의 한글 시 백일장에 참석했었다.
경남 일대는 말할 것 없고, 멀리 서울에서까지 모여든

이 예술제는 명실 공히 전국적인 행사로 인식되고 있었다. 백일장에 참가한 학생들의 면모도 만만치 않았지만, 서울에서 내려온 심사위원들 역시 김광섭, 모윤숙, 이하윤 등 그 이름이 쟁쟁하였다.
제시된 백일장 제목은 「자화상」이었다. 심사를 기다리는 동안 우리는 삼삼오오 모여 여러 가지 이야기를 나누었다. 역시 이제하는 물건이었다. 과묵하기는 지금도 마찬가지지만 일부러 찢어 꿰맸음이 분명한 모자는 바지주머니에 구겨 넣고, 깎지 않아 고슴도치처럼 일어선 머리에 교복 상의 단추 주머니도 풀어놓고 있는 상태였다. 말을 걸어도 잘 대꾸도하지 않았다. 그런데 나는 애써 촌티를 보이지 않으려 잔뜩 멋을 부리고 카메라까지 둘러메었다.
긴장된 분위기 속에서 심사 결과가 나왔다. 장원 성종화(진주고), 2등 김성택(마산고), 3등 김종원(오현고), 4등 이제하(마산고), 5등 허 유(진주고) 순이었다. '학원문단' 출신들이 모두 상을 휩쓸었다.
– 「시의 고향」 머리글 17쪽, 김종원, 1989, 창조사.

앞에 인용한 글에서는 빠졌지만, 성종화는 당시 고등학교 2학년생으로, 이제하나 허 유, 김성택(필명 김병총), 그리고 나보다는 한 학년 아래였다.

당시 시로 이름을 떨친 학생은 이밖에도 정공채, 김병익, 장윤우, 정진규, 이승훈, 문충성, 김광규, 민용태, 이성부, 양성우, 이수익, 박의상, 김광협, 최인호 등이었다. 이 가운데는 본명 외에 필명(정재학)이나 심지어 짝사랑하는 애인의 이름으로 글을 발표한 학생도 있었다. 바로 목포의 정규남(작고)이 그랬다. 그런데 최근에야 알게 됐지만, 성종화에게도 이와 비슷한 일이 있었다. 어머니 이름을 빌려

「수선화」(1954년 12월호)라는 시를 발표했던 것이다. 진주여고 1년생 하계진이 그의 어머니였다는 사실을 안 사람은 아무도 없었다.

2

그 후 촉망받던 문학소년 성종화는 어떻게 되었을까. 궁금하지 않을 수 없었다.

'학원 문단'에 각별한 애정을 갖고 있던 최덕교 선생(작고. 초창기 『학원』 편집장, 창조사 사장)은 평소에도 그 시절의 이야기를 자주 하셨다. 여러 얘기를 하시다가도 화제를 돌려 '학원 문단' 출신 문인들의 근황을 묻곤 했다. 그는 어느새 이들의 현황까지 파악하고 있었다. 체크해 보니 중앙문단에 지출한 사람이 시와 산문을 포함하여 1백여 명, 시인만 80여 명이나 되었다.

하루는 점심이나 같이 하자고 하여 뵈었더니, 『학원』에 실린 시들을 모아 출판할 계획이라며 의견을 묻는 것이었다. 판매에 대해 걱정하자 크게 신경을 쓰지 않는다며 청소년들이 이런 책도 읽는 상황이 되었으면 좋겠다는 말을 덧붙였다.

최 선생으로부터 책에 들어갈 발문의 청탁을 받고 여러 경로로 그들의 행방을 알아보았으나 몇 사람은 끝내 알 수가 없었다. 그 중에도 특히 관심을 가진 것은 성종화였다. 졸업 후 어떤 길로 들어섰는지, 도대체 살아 있기는 한 건지, 도무지 확인할 길이 없었다. 내가 그를 잊지 못하는 것은 「꽃 지는 마을에 서러운 전설이 진다」에서 받은 강렬한 인상과 함께 꿈 많던 청소년 시절의 추억을 공유했기 때문이다.

학원시단 303인집 『시의 고향』(창조사 발행)은 이런 배경 아래서 1989년 5월 최덕교 선생의 편찬으로 출간되었다. 어느새 스무 해 전의 일이다.

그 뒤에도 그 시절의 문우들과 만나게 되면 으레 성종화에 대해 묻곤 했다. 하지만 소식을 아는 사람이 없었다. 그런데 지난해 전혀 뜻밖에 그로부터 전화가 걸려 왔다. 진주 영남예술제에서 헤어진 지 54년 만이었다. 이를 계기로 그의 시문집 『잃어버린 나』를 받게 되었고, 이를 통해 20년 가까이 검찰청에 봉직한 일과 1984년부터 법무사를 개업하여 오늘에 이르면서 2007년에는 수필가로 등단했다는 사실도 알게 되었다.

그러나 나는 아직도 성종화 형을 시인으로 여기고 있다. 타고난 재질과 그의 시편詩篇들이 이 점을 환기시켜 준다.

천성산
넘는 산길

이슬길
산 노루 지나간 길

계곡물은
밤을 새워 흐르고

돌담에 담장이 넝쿨
외딴 집 한 채

주인은 집을 비우고
여름 들꽃만 한창이네

지나는 이 없어
길을 물을 수 없구나.

노전암 가는 길을.
— 노전암 가는 길」 전문

아침 이슬 같은 투명한 이미지와 언어감각으로 빚어낸 잘 숙성된 시다. 모두 2행씩 6절로 이루어진 「노전암 가는 길」은 최대한 말을 아끼면서 서경시敍景詩 특유의 시각적 효과를 크게 살리고 있다. 특히 4절 이후 '돌담에 담장이 넝쿨 / 외딴 집 한 채 // 주인은 집을 비우고 / 여름 들꽃만 한창이네. // 지나는 이 없어 / 길을 물을 수 없구나.'의 대목은 빈틈없이 짜인 이 시의 정점이라고 할 수 있다. 이 점에 비해 1행으로 처리한 마무리 '노전암 가는 길은'은 오히려 사족에 속한다.

산행 길에서 얻은 착상의 소산으로, 이런 소재는 「노전암 가는 길」 외에 「천성산 가는 길」, 「운봉산을 오르며」, 「월아산 가는 길」, 「겨울 산」 등 여러 편이 눈에 띈다. 그의 등산 취미를 엿보게 하는 글이다.

내 오늘
밤을 치네.

어머니 기일에
제상에 올릴 밤을 치네.

어머니의 살 받아
이 세상에 나와서 한 평생을 살고

이제 나도 머지않아
자식에게 밤을 치게 하겠구나.

제상에 올릴 밤을 치면서
내 살을 베어내는 아픔으로

힘들게 한 세상 살다 가신
어머니의 하얀 속살을 내 지금 베고 있구나.

어머니의 기일을 맞아
내 오늘 제상에 올릴 밤을 치네.
– 「밤을 치면서」 전문

제2부의 「밤을 치면서」는 어머니의 기일을 맞아 제상에 올릴 밤을 치는 시인의 상념을 담고 있다. '내 살을 베어내는 아픔'과 '힘들게 한 세상 살다 가신 어머니의 하얀 속살'을 베어내는 심정으로 세상에 없는 어머니에 대한 애틋한 정을 나타내고, 머지않아 어머니의 전철을 밟게 될 자신의 처지를 윤회적으로 표출하고 있다.

이같이 조상과 관련된 작품은 이밖에도 「한식 일에」를 비롯하여 「성묘」, 「재실(齋室)의 밤」 등 몇 편이 더 있다.

푸른 산.

흰 서리 내린 길
사립문 밀고 들어서면

삼간두옥(三間斗屋)
짚신 두 켤레

돌아서 돌아서 온 그 세월은
일흔 해.

– 「세월」 전문

「세월」에 이르면 시인의 영감과 형상의 언어들은 더 이상 압축시킬 수 없을 만큼 정갈하게 용해된다. 사립문, 삼간두옥, 짚신 등 다분히 고풍스럽긴 하지만, '흰 서리' 내린 '일흔 해'의 삶을 염두에 두었는지, 일곱 줄의 행간 속에 군더더기 없이 녹여내고 있다.

한가위 보름달을
공중에 매달아 두고

북을 치며
춤을 춘다고
그 사람 돌아오리까.

먼눈이 밝아져서
세상이 다시 열리리까.

칼로 가슴 저미는
이 한을 어찌 하라고 어찌 하라고

한이 사무쳐야
목에 걸려
다시 소리 되어 창(唱)이 된다니

두둥둥 둥둥 두둥 덩덩

저 북소리
저 북소리 따라
덩실 더덩실 춤을 추자꾸나.
—「서편제」

제3부에서 먼저 눈에 띄는 것은「서편제」이다. 광주, 나주, 강진, 해남 등 전라도 서쪽지역을 중심으로 이어져 오는 동안 서편제西便制로 불리게 된 판소리, 활달한 동편제와는 달리 부드럽고 구성지며 애절한 게 특색인 남도 가락이다.

이 시에서는 영화의 감흥과는 다른 응축된 정한情恨이 짙게 묻어난다. '칼로 가슴 저미는 / 이 한을 어찌 하라고 어찌하라고'의 절창에 이르면, 소리재의 주막에서 만난 자매가 판소리로만 어우러지다가 짐짓 모른 체 헤어지는 순간을 연상케 한다.

하지만 시인은 '두둥둥 둥둥 두둥 덩덩 / 저 북소리'로 눈먼 누이의 판소리와 남동생의 북채가 절정을 이루는 장면을 재현 시키면서 '북소리 따라' 덩실 더덩실 춤추기를 부추기는 흥의 추임새로 반전시키고 있다.

정갈한 낱말들만을
맑은 시냇물에 헹구고 밤이슬을 맞혀서

봄 산 속의 뻐꾹새 소리처럼 청아한
그런 시를 쓸 수는 없을까.

가슴이 상하여 아무리 아파도
그 아픔을 묻어두고

은은한 난의 향기가 배어 있는
그런 시를 쓸 수는 없을까.

아
그런 시를 내가 쓰고 싶다.
그런 시를 내가 쓰고 싶다.

－「그런 시를 쓸 수 없을까」 전문

제4부에 수록된 이 시는 성 시인의 시세계를 엿볼 수 있다는 점에서 흥미롭다. '정갈한 낱말', '맑은 시냇물', '은은한 난의 향기' 등과 같은 언어들은 그가 지향하는 좋은 시, 쓰고 싶은 시가 어떤 것인지를 잘 말해 준다. 5연聯에서 '가슴이 상하여 아무리 아파도 / 그 아픔을 묻어두고 // 은은한 향기가 배어 있는 그런 시'를 쓰고 싶다는 것도, 결국 영감靈感을 직정적으로 노출하기보다 여과시켜 정제된 엑기스로 걸러내겠다는 뜻이다. 이를 정리하면, 그가 추구하는 시세계는 자연을 주 대상으로, 투명한 이미지와 절제된 언어에 의한 서정성에 있다는 말이 된다.

누가 이렇게 휩쓸어 가버린 빈 가슴이냐

바람과 구름을 안고 머언 산과 마주 하면
한나절 말없이 이야기하는 무상(無常)이 있다.

내 가슴 어딘가를 흐르는 핏줄처럼
가슴에서 가슴으로 이어져 가는 대화는
햇볕처럼 쏟아지지 못하여 차라리 강물이 된다.

모두가 가버린 텅 빈 곳

꽃도 노래도 이제 저 들녘을 돌아서
아슴아슴 살아지는데

나는 차라리 푸른 하늘을 가슴 채 마시고
이 폐허에 핀 작은 들꽃으로 남으련다.
– 「가을 밭에 서서」 전문

「가을밭에 서서」는 다른 작품에 비해 호흡이 긴 편이다. 시가 자아내는 울림과 내재율의 요소도 갖추고 있다. 시인은 '누가 휩쓸어 가버린 빈 가슴'으로 '햇볕처럼 쏟아지지 못하여 강물'이 되고, '폐허에 핀 작은 들꽃'으로 남은 가을밭의 처지를 자신과 견주며 노래한다. 절제된 언어의 구사로 인해 자칫 건조해지기 쉬운 정감의 흐름을 때로는 이처럼 느슨하게 풀어줄 필요가 있다.

3

성종화 시집 『고라니 맑은 눈은』을 읽으면서 나는 54년 전 영남예술제에 참가하기 위해 제주 오현고등학교 취주악대와 함께 묵었던 진주 남강 가 호국사의 아침을 떠올렸다. 쌀쌀한 절 마당에 나와 세수를 할라치면 시린 대야에 낙엽이 떨어져 있곤 했다. 고라니의 맑은 눈처럼 그때 비봉루에 모인 우리 문학 소년들의 눈도 고라니의 맑은 눈처럼 맑았었는데, 지금도 호국사의 물맛은 예나 마찬가지일까.

참으로 오랜만에 성종화 시인의 88편의 시작詩作을 대하며 여전히 때 묻지 않은 감성과 맑은 서정, 순수한 에스프

리를 간직하고 있음을 알 수 있었다. 거기에는 「고향의 소녀」를 그리워하는 애달픔이나, 「댓잎 치는 할아버지」에 대한 회고, 「첫 발령지의 추억」은 물론, '인연의 끈 다 풀고' 떠나갈 미래의 「귀로」가 예시되어 있었으며, 앞서 간 유경환과 김영태 시인을 떠올리게 하는 「유명(幽明)」과 같은 작품들도 수록되어 있다.

이미 고질화되어버린 문단 등용의 병폐, 갈고 닦는 노력이나 기초 없이 속성 재배되는 오늘날과 같은 문인 배출의 풍토 아래서 성종화 형처럼 충분한 습작기간을 거친 시인의 등장이야말로 시사 하는 바가 적지 않다고 해야 할 것이다.

고희를 넘긴 나이에도 불구하고 보란 듯이 시집을 들고 나온 이 시인의 결단에 박수를 보낸다. 그동안 그가 기성 문단과 거리를 두고 법무사의 길을 걸어오면서도 창작의 끈을 놓지 않았다는 것은 숙명이라 하지 않을 수 없다. 그는 벌써 돌아왔어야 할 자리, 시의 고향에 이제 닻을 내렸다. 시작詩作 반세기 넘어 이룬 이 늦깎이의 귀향을 진심으로 축하한다.

■ 책 뒤에

내가 다시 시를 쓸 수 있을까

성 종 화

나는 오늘 내 진주고교 동기동창인 한국의 유명한 CEO 서두칠 박사로부터 한통의 메일을 받았다. 내가 이번에 출판한 시문집 『잃어버린 나』와 수필집 『늦깎이가 주운 이삭들』 2권의 책을 받고 보내는 메일이었다.

“ … 중 3때 국어 선생님이 시 쓰기를 가르쳐 주면서 군이 쓴 「선인장」을 설명하는 가운데 풀도 나무도 아닌 험상궂은 사나이 꽃이라 한 맨 끝 구절이 이 시를 만들었다며, 군을 시를 쓰는 재능을 가진 학생이라고 하였습니다. (중략) 군은 어린 나이에 가질 수 있는 최고의 잠재한 생각의 영역을 넓게 활용한 인재라 생각합니다. 그리곤 절필하고 50년을 견뎌낸 것은 분명 더 큰 몫을 해 내기 위한 긴 휴식이었다고 생각됩니다. (후략)”

그리고 바로 며칠 전 우리 진주출신의 문학 모임인 남강문우회에서 서울에 있는 A여사를 고교 졸업 후 50년 만에 처음 만났다. 그녀는 그동안에 너무나 변한 나의 모습에서 놀라움을 금할 수 없다면서 옛날의 시심詩心으로 돌아가 다시 시를 쓰라는 권유를 하였다.

그녀는 고교시절 시를 좋아하는 문학소녀였다. 그런 그녀가 나에게 시를 쓰라는 권유를 끈질기게 하여왔다. 다시 시심으로 돌아가기 위하여 지금의 현실에서 벗어나 보라고도 하였다. 배낭하나 달랑 메고 한동안 모든 것을 다 잃어버린 상황에서 목적지 없는 여행을 해 보라는 권유도 하였다.

지난날 학창시절 내가 시를 열심히 쓴 것은 사실이다. 당시 '학원 문단'의 주요 면면에는 나보다 한 해 위 학년으로 서울의 유경환, 제주의 김종원, 목포의 정규남, 마산의 이제하, 그리고 같은 동 학년의 서울의 황동규, 마종기 등이 있었다.

내가 시를 쓰게 된 동기는 진주 중 3년 때 진주고등학교의 문화체육제전 문학부 부문에서 위에 서두칠 박사가 말한 시 선인장이 1등 당선을 하였던 것이 계기가 되었다고도 할 수 있다.

진주 중 3년에서 진주고교 2년까지 3년간 나는 정말 열심히 시를 썼고, 그 시경인 1955년 영남예술제(지금의 개천예술제) 한글 시 백일장에서 장원을 하였다.

그 즈음 진주 문학의 큰 지주支柱였었던 파성 설창수 시인을 만나게 되었으며, 어느 날 파성 선생(당시 영남예술제 대회 위원장이며, 경남일보 사장)께서 학교 교무실을 통하여 나를 불러 작품을 가져오라는 말씀을 하셨다. 당시 한국 문단에는 현대문학과 자유문학의 양대 맥이 있는데 당신께서 『자유문학』쪽에 가까운 분들이 많다면서 그 쪽으로 추천을 하시겠다는 말씀이셨다.

나는 돌아와 곰곰이 생각해 보니 고교 2년생으로(물론 그 이전에 진주출신의 최계락, 이형기 같은 분들이 약관으로 문단에 등단하여 활동을 하고는 있었다) 알맹이도 없는 풋내기가 문단에 나간다는 것이 두렵기도 하여 주저하다가 끝내 작품을 가져다 드리지 못하고 말았다.

내가 고3이 되었을 즈음 우리 집은 내 바로 아래 누이동생의 병원 입원비 등으로 가세가 많이 힘들어 있었는데, 그런 사정을 알게 된 일본에 거주하는 내 어머니의 형제분이 나를 일본으로 보내주면 그곳에서 대학을 다니게 하겠다는 연락을 해왔다.

나는 새로운 미지의 세계에 대한 동경심을 갖게 되면서 문학에 대한 지금까지의 나의 생각을 바꾸어야 한다는 내 나름의 장래의 진로 수정을 하게 되었다. 그 후 나는 시를 쓰는 자세가 바뀌기 시작하였다. 시를 쓰기는 해도 그전처럼 밤을 새우면서 영혼을 태우는 그런 자세로 쓸 수가 없었다.

다른 동 학년 친구들이 입시 준비에 여념이 없을 때에 나는 헌 일본어 초등학교 교과서를 구해나 놓고 일본어 공부를 남모르게 하고 있었다. 여름 방학이 되어 여동생이 병으로 앓고 있는 집에 있지를 못하고 좀 떨어진 곤양 다솔사를 찾아갔다.

작가 김동리가 문학 수업을 한 곳으로 알려진 절인데, 일본으로 가서 공부하는 것 보다 차라리 이곳 절에서 문학수업이나 할까하는 생각도하면서 방학이 끝났는데도 학교에 등교를 하지 않고 내 나름의 갈등으로 방황을 하고 있었다. 두 달 가까이 지난 어느 날 어머니가 학교에서 계속 출석을 않으면 제적을 시키겠다는 통보를 가지고 와서 학교로 돌아오게 되었다.

내가 등교를 하고 보니 입시준비로 완전히 바뀌어져버린 학교분위기를 견디기가 무척 힘들었다. 어정쩡하게 지나다가 졸업을 하였다. 한동안 고향으로 돌아가 일본으로 건너갈 길(당시는 국교가 정상화 되지 않아 밀항을 기도하였음)을 모색하였으나 사정이 여의치 못하였다. 2년여를 허송하다가 끝내 모든 것을 체념한 상태에서 군에 입대를 하게 되었다.

나는 군에서 유경환 형을 만나게 되어 형의 주선으로 제대 후 사상계사에 입사가 될듯하다가 다른 사정으로 안되고 말았다. 만약에 그때 사상계사로 입사가 되었으면 다시 문학을 하는 계기가 되었을 지도 모른다.

그 후 국가공무원 시험을 보아 체신부(지금의 정보통신부)에서 2년여를 근무하고 다시 검찰사무직시험을 거쳐서 검찰청에서 20년 가까이를 근속하였다.

지나고 보니 이 시기가 나에게 가장 힘든 때였다는 생각이 든다. 개성에도 맞지 않고 정서적으로도 너무 메마른 그런 환경에서의 생활이었다.

여기서 짚고 가야할 이야기 하나가 있다. 내가 체신부에 근무할 때 지금의 아내를 만났으며, 두 사람의 생활이 당시의 하급 공무원의 보수로는 너무 힘들었었다. 그런 중에 이따금씩 문학에 대한 동경심이 일어나기도 하여 내가 좋아하는 문학도 하고 생활도 되는 길이 없는가 하여 영화 시나리오 쪽으로 눈을 돌리게 되었다. 그 해 연말 신춘문예 현상모집에 시나리오 한편을 써서 동아일보사에 응모했다.

시골에서 내 동생이 유선방송을 하고 있었다. 그때는 농촌의 경제 사정이 어려워 집집마다 라디오가 없는 시절이었다. 그래서 유선으로 마을과 마을을 연결하고 앰프를 이용하여 한곳에서 방송시설을 하여 전파가 되게 하는 것이 유선방송 시설이었다. 그 시절의 농촌을 배경으로 가난과 문명의 갈등을 그리면서 거기에 나 자신을 투영시켜서 쓴 소재가 내용이었다고 생각된다. 발표를 보니 당선은 안 되었으나 심사평에서 마지막 선까지는 올라가 결심에서 떨어뜨려지면서 아깝다는 평을 받았던 것으로 기억이 된다.

나는 신혼 초 아내와 한 약속이 있었다. 이 작품이 당선되면 진로를 바꾸어 시나리오 작가가 되고 안 되면 문학은 깨끗이 포기하겠다는 약속이었다. 아내 입장에서 밤늦도록 원고지에 매달려 있는 것이 안쓰러웠던 모양이었는지, 아니면 내가 문학에 집착하는 것 보다 다른 방면으로 나갔으면 하는 생각을 해서였는지는 모르겠다. 나는 그 후로는 다시는 문학을 할 생각도 않고 되도록이면 놓여 있는 현실에 충실하면서 살아가려고 하였다.

그런 나에게 최근에 시와 수필사의 발행인이며, 나의 고교 후배인 K형이 다시 글을 써 보라는 권유를 하여 내가 2007년도 수필부문 신인상을 받고 지방문단에 뒤늦게 나오는 계기가 되었다.

이번에 지난날 학생시절에 쓴 시와 그 시기를 소재로 한 수필을 모아 시문집 「잃어버린 나」와 수필집 『늦깎이가 주운 이삭들』의 2권의 책을 상재하게 되었다 물론 습작 수준을 넘지 못하는 글이지만 내 70평생을 문학이라는 이 질긴 인연의 끈을 끝내 놓지 못하고 맺게 된 작은 열매라는데 의미를 두었다.

위에서 서두칠 박사가 보낸 메일에서 인용하지는 않았지만, 세계적 경영학자 Peter Drucker의 95세까지 경영에 관한 훌륭한 내용의 글을 써 남긴 바 있다고 하였는데, 그 나이가 되도록까지, 그리고 내 수필집의 평설을 써 주신 한상렬님이 헤겔의 법철학에서 인용한 '메네르바의 올빼미는 황혼이 깃들 무렵에야 비로소 날기 시작 한다' 고 한 황혼의 날개 짓으로 비유되는 남은 생애의 기간 글을 쓰는 새로운 자신으로 돌아갈 수가 있을까 하는 기대를 해본다.

그렇게 되려면 지난 시절의 문학소녀인 A여사가 한 말대로 지금의 현실을 벗어 던지고 시심詩心을 찾아 나서는 용기가 있어야 할런지도 모르겠다.

성종화 시집 고라니 맑은 눈은

초판인쇄 2010년 5월 25일
초판발행 2010년 5월 31일
지 은 이 성종화
발 행 인 황송문
펴 낸 곳 문학사계
주 소 서울특별시 영등포구 문래6가 56-1
미주프라자 B1 102호
전 화 070-8845-9759
(016)561-5773
팩 스 (02)2637-9759
이 메 일 songmoon12@hanmail.net
등 록 2005년 9월 20일
제318-2007-000001호

값 10,000원
ISBN 978-89-93768-18-3 03810

배포처 자유문고 (02)2637-8988